犯罪心理
大师系列

犯罪心理揭秘

犯罪心理专家为你揭秘犯罪心理

CRIMINAL
PSYCHOLOGICAL
SECRETS

许大鹏◎著

中国法制出版社
CHINA LEGAL PUBLISHING HOUSE

前言

犯罪心理专家往往有一些独门秘籍，能够抽丝剥茧，帮助警方找出真相。他们凭借多年的研究和积累对犯罪者的行为和心理进行全面把握，取得了丰硕的成果，并在此基础上掌握了科学准确的数据，为预测罪犯的行为、指引案件的侦破方向提供了重要的参考。

本书作者遴选了一些犯罪心理专家整理和研究的经典案例，通过这些真实的案例，我们得以透视罪犯的内心世界，了解他们的所思所想。结合犯罪心理专家精辟的分析和点评给我们以启迪，引导我们以专业的视角审视罪案。在这些案例中，有人性的贪婪酿成的血案，有扭曲的情欲造就的连环杀手。有人为了一举成名射杀巨星，也有人模仿臭名昭著的杀手。有人犯罪是因为精神变态和人格缺陷，有人犯罪是因为被病态的观念支配。

罪行就像阴影，似乎离我们的生活很遥远，但其实它就发生在我们的身边。罪犯就隐藏在普通人的面具下，游走在社会的角落里。了解犯罪心理，可以给我们一双更加敏锐的眼睛透视黑暗。凝视深渊，才不会被黑暗和深渊吞噬。

目录

001 贪婪酿成的罪恶——游乐场诡秘枪杀案
015 一举成名的欲望——约翰·列侬枪击案
029 冲动型犯罪——印第安纳波利斯市枪杀案
041 操纵女性的凶手——坦帕市枪杀案
055 幻想破灭之后的疯狂——马萨诸塞州双重枪杀案
069 模仿『雌雄大盗』——变态情侣杀手
083 『精神变态』——贵妇人杀手
095 变态杀戮狂——女连环杀手
109 种族歧视下的暴力——奥克尼郡枪杀案
123 扭曲的情感关系——家庭纵火案

目录

133 在母亲死亡的阴影下——曼彻斯特『死亡医师』
151 枪口指向枕边人——悉尼情杀惨案
163 邪恶的夫妻搭档——珀斯市连环奸杀案
177 反社会人格杀手——棋盘杀人魔
193 司法与媒体结成的双头怪兽——佩鲁贾奸杀惨案

犯罪心理揭秘

贪婪酿成的罪恶

——游乐场诡秘枪杀案

在美国中西部，艾奥瓦州大型游乐场是很多家庭聚会的首选。这座大型游乐场里的娱乐设备非常全面、丰富，经营方还会经常性地举办一些牵引机比赛和美食挑战赛。几乎没有哪个美国人能够抵挡娱乐加上美食的诱惑，每年都有超过 100 万人造访这座游乐场，这里是当之无愧的旅游度假胜地。

来到这座游乐场里娱乐的美国人大都光临过布鲁家族的漏斗蛋糕店，这是一家名声响亮的老店。对艾奥瓦州的孩子们来讲，这家店就是他们童年里的一段美好记忆。但是，这一切即将在 1996 年 8 月 12 日这一天终结。当天上午，布鲁家族的漏斗蛋糕店像往常一样准时开业，因为清晨时分少有客人，所以蛋糕店里只有 16 岁的琳达 · 布鲁和她刚刚成年的哥哥波 · 布鲁两个人，而他们的父母则趁着这段难得的空闲去处理一些家务事。

老布鲁夫妇对这对孩子很放心，因为这两个孩子从小就在蛋糕店里帮忙，所以他们完全能够胜任这份工作。等到游客增多的时候，老布鲁夫妇会准时赶到蛋糕店帮忙。但这一天，老布鲁夫妇迟迟没有出现。游客纷纷来到店门前选购蛋糕，波和琳达有些难以应对。

父母迟迟没有出现，让琳达很是担心。老布鲁夫妇备了一对双向对讲机，一台放在店里，另一台放在家里。平日里，一家人都用这台对讲机联系。琳达拿起父母放在店里的双向对讲机呼叫，但始终没有得到回应。因为始终没有父母的音信，所以波决定去停靠在游乐场边缘自家的野营车上查看情况。

因为店里的生意很忙，所以琳达还在波离开前嘱咐他，让他务必尽快回来。可是波并没有赶回蛋糕店，琳达等来的是一位有过几面之缘的女邻居。这位女邻居告诉琳达，她的父母好像出事了。听到这个令人恐慌的消息后，琳达急忙赶回自家停靠野营车的地方。但是，等琳达赶到这里的时候，这一带已经被警用黄色警示带围住了。

琳达从来没有见过这种情况，但她知道黄色警示带意味着有可怕的事情发生。恐惧和惊慌的情绪让琳达几近失控，在女邻居的安慰下，她才勉强弄清楚家中到底发生了什么事。原来，就在今天早晨，琳达的父母鲍勃·布鲁和梅瑞林·布鲁在自家的野营车内被枪杀。第一个发现的人是 18 岁的波·布鲁，也是他拨打的报警电话。

警方赶到后立即封锁了凶案现场，因为暂时还没有明确的作案嫌疑人，所以警方不允许波与琳达会面，在彻底洗清嫌疑之前，这两个孩子也是警方的调查对象。对警方而言，发生在游乐场内的凶杀案实属罕见，因为这里实在不是凶手作案的“好去处”，游乐场内人多眼杂，警方很可能找到目击证人，凶手想要逃脱法网的机会微乎其微。那么，凶手又因何犯案呢？作案动机是什么？

在弄清楚这一切之前，犯罪现场勘验人员必须尽快将凶案现场的情况记录下来，然后由证据采集员负责采集凶案现场内留存的罪证。受害人鲍勃·布鲁的尸体趴伏在野营车中央，凶手用透明胶带将他的一双手臂交叠绑缚在背后。梅瑞林·布鲁则仰躺在一侧，她的双手同样被胶带反绑在背后。此外，梅瑞林的脖颈和嘴巴上也缠着胶带。两人均是头部中枪，行凶者下手狠辣，受害人当场丧命，根本来不及送医治疗。

凶案发生后，警方立即调派警力在凶案现场附近搜集线索并寻找目击证人，但让警方感到意外的是，这起发生在大白天且凶案现场是游乐场的枪杀案竟然没有任何目击证人，在这种情况下，警方就将调查的重点放在波和琳达身上。与此同时，琳达的姐姐杰米·布鲁也接到一个陌生人打来的电话，打电话的人告诉她，老布鲁夫妇出事了。

很快，警方就从琳达和波的口中得知了一条重要线索。原来，蛋糕店里还有一个叫作杰瑞米的雇工，案发当天，这个雇工本该按时上班，但他始终没有出现。随后，警方又发现受害人的野营车内有被翻动的痕迹，波的汽车也丢失了，与汽车一同消失的还有2万多美元现金，这些现金是这周蛋糕店的收入。警方推断，不论凶手是谁，他都驾驶过波的汽车。执法人员立即发布通缉令，要求各分警署注意寻找一辆有牌照的红色皮卡货车。

就在警方努力缉捕凶手的时候，布鲁家的大女婿隆尼·波罗·夏斯基也赶到了游乐场，他是接到警方通知来到现场的。原来，隆尼和杰瑞米是相熟的好友，杰瑞米就是在他的介绍下来到布鲁家帮工的。正因为杰瑞米是隆尼介绍的，所以布鲁家并没有追问杰瑞米的过往经历，波和琳达甚至都不知道杰瑞米的姓。隆尼告诉警方，他的朋友名叫杰瑞米·史尼德。现在，警方才掌握了嫌疑犯的全名。

几个小时后，警方在德蒙市南区的一个小型加油站内找到了这辆红色皮卡货车。警方还找到一名目击证人。目击证人证实，数个小时之前，有一名男子驾着这辆车来到加油站，下车后，这名男子用加油站外边的公用电话叫来了一辆计程车，然后就搭乘计程车离开了。警方经调查确定，这名嫌犯乘车前往位于德蒙市中心的巴士站。

在巴士站内，办案警探又试着用杰瑞米 · 史尼德的名字检索，很快就查到了杰瑞米的购票记录，他购买了前往密苏里州加普林的汽车票。警方断定这个名叫杰瑞米 · 史尼德的人就是布鲁家的雇工，而他又是本案的重点嫌疑人。案发 12 个小时后，寻找杰瑞米就成了跨州的缉捕行动。

犯罪实验室还从捆绑受害人的胶带上找到了嫌凶的指纹。经过比对验证，犯罪实验室确认凶手的指纹与杰瑞米 · 史尼德的指纹相符。警方还发现，杰瑞米有作案前科，他曾经因盗窃被捕入狱，被判三年有期徒刑。现在，22 岁、身高 5 英尺 7 英寸、留着红头发的杰瑞米 · 史尼德成了警方通缉的要犯。

只可惜，杰瑞米 · 史尼德有很强的反侦查能力，他行踪诡异隐秘，警方始终没能找到他，另外，警方追查了杰瑞米搭乘的那辆巴士，但巴士司机和乘客们都表示，没人在加普林下车。警方据此推测，杰瑞米下车的地点可能就在加普林和德蒙之间的某个位置。但是，线索到这里也就中断了。在久查无果的情况下，警方又将调查的重点放在了嫌犯的好友隆尼身上。

24 岁的隆尼是布鲁家长女杰米的丈夫，通常情况下，隆尼会在忙碌的夏季去岳父家经营的漏斗蛋糕店帮忙，但是今年隆尼借口有事并未前去帮忙，他给岳父介绍了杰瑞米，由他顶替自己的工作。警方发现，在不久之前，隆尼和妻子杰米以及他们的一对儿女一直和岳父母一家住在一起，直到几周前，他们才搬离野营车，杰瑞米搬去与布鲁一家同住。

老布鲁夫妇很相信这位年轻人，这也是他们愿意让杰瑞米与家人住在一起的原因，但是此刻杰瑞米成了杀害他们的嫌疑人。在搜查野营车附近的区域时，警方在车后方的树丛中找到几枚弹壳，经过弹道检测，警方确认这些弹壳和凶案现场内找到的子弹是同一种，全部与杰瑞米的手枪口径相同。在多种证据的佐证下，警方已经确信杰瑞米就是杀死老布鲁夫妇的凶手。只是，警方暂时不能找到杰瑞米作案的真正动机。

在后续的调查工作中，警方有了另一种推想，他们开始进一步检视隆尼，希望能够从他这里找到可以解释这场凶杀案的真实动机。在经过深入调查之后，警方发现隆尼与某个地下斗狗集团有牵连。隆尼相信参与斗狗能够赚钱，他斥巨资收购了 30 条斗狗，但这些狗并没有给他挣到一分钱。

因为与隆尼结婚的时候杰米还在上学，所以他们的生活很拮据。两年前，隆尼一家还申请了破产。老布鲁一家不停地给隆尼资助，希望他们能够在这些钱的帮助下过上好日子，但他们的无偿资助进一步助长了隆尼夫妇的惰性，隆尼再也不愿工作，他开始完全指望着老布鲁一家的救助过活。

如此看来，隆尼一家更像是附在老布鲁夫妇身上的寄生虫，那么是否某件事情使两家人产生了矛盾，而这种矛盾才是诱发凶杀案的真正原因呢？警方开始调查隆尼在命案发生前后的行踪。警方发现，周一当天，隆尼在艾奥瓦州游乐场待到晚上才离开，一直到周二深夜，隆尼才回到位于密苏里州的住所内。游乐场和隆尼家只有 5 个小时车程，但隆尼却花了整整一天的时间，这让警方十分怀疑他到底去了哪里。

在警方的逼问下，隆尼谎称自己回家的时候迷了路，尽管他在这条路上走了无数遍，但他还是撒了这样一个谎。警方并不相信隆尼的说法，他们决定查看隆尼的通话记录。在通话记录的帮助下，警方发现隆尼其实去拜访了一位斗狗同行。这本没有什么可隐瞒的，隆尼为何要撒谎呢？

警方又走访了这位斗狗同行，从他的话语中，警方发现隆尼似乎与老布鲁夫妇的命案有关联。原来，隆尼曾经找到这位同行，出巨资要求同行杀掉老布鲁夫妇，但这位同行并没有答应。警方很重视这条线索，他们调派隆瑞 · 普洛 · 格里上校负责侦办此案。为了摆脱嫌疑，隆尼主动表示愿意接受测谎，但在等待测谎结果的时候，隆尼又借着上厕所的由头不辞而别。

晚些时候，隆尼拨通了警方的电话，他说自己在回家后和妻子做了沟通，也想明白了一些事情。隆尼表示愿意与警方合作，还会向警方透露更多与案情有关的信息。警方认为，隆尼的这些说法其实都是借口，他只是害怕看到警方得出谎言测试结果，因为他知道，自己是没有办法通过这项测试的。

事后，隆尼又给警方另一套说辞，他告诉警方，命案发生后，他其实去找过杰瑞米，想质问杰瑞米为何要杀死他的岳父岳母，他想自己解决这件事，杀掉杰瑞米，然后通知警方。但是他不是杰瑞米的对手，杰瑞米绑架了他，然后用汽车将他带到某个僻静地点。杰瑞米警告隆尼说，现在他已经牵扯到这件事里了，如果他将这件事告诉其他人，自己就会杀他全家。此后，杰瑞米下车步行 8000 米，来到市区搭公交车逃走了。

隆尼提供的这些说辞完全站不住脚，警方认定隆尼在撒谎，于是就以作假供为由将其暂时羁押起来。在隆尼被羁押的时候，他的情人蒂亚也找到警方，并向警方提供了一些线索。蒂亚说隆尼和杰米的婚姻并不幸福，起初他们两个人只是恋爱关系。后来，杰米怀孕，两人才迫不得已结了婚。

但他们婚后的生活并不幸福，隆尼在健身会所担任教练的时候结识了蒂亚，两人有过一段地下恋情，后来隆尼从健身会所离开，两人的恋情到此结束。但杰米又和蒂亚交了朋友，她经常和蒂亚一起逛街看电影，两人成了无话不谈的好朋友。

凶案发生前不久，隆尼再次与蒂亚有了联系，他向蒂亚倾诉了很多，其中大部分内容是对婚姻的不满以及对岳父、岳母的仇恨。命案发生后，隆尼再次和蒂亚取得联系，在这次会面中，隆尼提到了他的岳父母，说他们已经死了。隆尼还向蒂亚寻求帮助，希望她能够给他介绍一个可靠的律师。

隆尼还给蒂亚看了一件东西，那是一只尺寸较大的泰迪熊，泰迪熊的颈部围着一条纱巾。隆尼将泰迪熊的头使劲儿往后一拉，就可以看到泰迪熊的颈部已经被划破了，里面放了好几捆缠着橡皮筋的钞票。隆尼并没有讲明这些钱的来路，他只是将这只熊交给蒂亚保管。尽管隆尼讲话时一直遮遮掩掩，但蒂亚还是感觉到可能发生了某些不好的事情，只不过蒂亚还没有搞清楚状况，她暂时按照隆尼的要求做了。

隆尼被捕后，杰米就开始不断给蒂亚打电话，蒂亚并没有接听这些电话，因为她已经准备将一切告诉警方。随后，警探在蒂亚家里看到了那只泰迪熊，他们在泰迪熊体内找到了三捆钱，合计 4000 美元。经过犯罪实验室仔细检验，警方确认这笔钱取自受害人家中的存钱柜。

就在证据不断积聚的时候，当地警方又接到迈阿密警局打来的电话，杰瑞米 · 史尼德自首了。在这段时间内，杰瑞米几乎跑遍了整个美国，他在各大城市挥霍到手的赃款，用这些钱购买毒品、发泄欲望，等到钱花完的时候，杰瑞米再次陷入举步维艰的境地，他不得不向警方求助。在警局内，杰瑞米的心理防线突然崩溃，他向警方认罪，并开始讲述凶案发生时的全部经过。

案发当天，杰瑞米利用身份之便挟持了鲍勃和梅瑞林，他用梅瑞林的生命胁迫鲍勃打开保险柜，从柜中拿走了 2.2 万美元现金。钱财到手后，杰瑞米并没有善罢甘休，他突然用枪射杀了梅瑞林，然后又射杀了跪在地上的鲍勃。

杰瑞米告诉警方，他之所以会选择杀人，是因为这一切原本就在计划之中。从一开始，这就是一起杀人案，抢劫只是顺道而为。其实，这是一桩买凶杀人案，是隆尼付钱让他这样做的。杰瑞米说，隆尼将鲍勃形容成一个变态暴君，他经常侵犯杰米，而梅瑞林始终没有阻止鲍勃的行动。很显然，这些内容都是隆尼故意编造的，他只是希望能够利用这种说法来刺激杰瑞米犯案。

作为杰瑞米的好友，隆尼很清楚他的情况。杰瑞米在还是一个孩子的时候就曾被人性侵犯过，他也因此痛恨任何这样对待小孩的人。隆尼编造的故事唤醒了杰瑞米的痛苦回忆，于是，他同意帮隆尼杀掉老布鲁夫妇。但事情并未到此为止，隆尼还要求杰米瑞杀死布鲁家的另两个子女——波和琳达。因为他们和梅瑞林一样，在杰米遭受虐待的时候袖手旁观。

现在，杰瑞米的这份认罪自白书将杀人动机推到了隆尼身上，隆尼将面对蓄意杀人罪的指控。案发 5 个月后，隆尼被警方送上法庭。尽管杰米始终坚称隆尼是无辜的，但警方已经掌握了足够多的证据，能够证明隆尼就是这起凶杀案的主谋。在自辩环节，隆尼也始终无法自圆其说，因为他当庭供述的证词前后矛盾，所以法庭不予采纳。

检方指控隆尼杀人其实是为了得到老布鲁一家积攒下来的财富，因为如果这家人不幸身亡，他可以继承他们的财产。对老布鲁一家而言，隆尼是可怕的背叛者。就在法庭要做最终宣判的时候，隆尼的妻子突然起身作证，她指认自己的弟弟波才是杀死老布鲁夫妇的真凶。杰米还宣称，波曾经擅自拿过老布鲁夫妇留给他们的钱。那个由蒂亚保管的泰迪熊体内的 4000 美元只是那笔钱中的一部分。

因为杰瑞米是隆尼的同犯，所以法律不允许他出庭作证，而由他讲述的供词也不能作为这次审判的证词，正因如此，陪审团也不清楚这起案子背后的真正原因，所以他们都被杰米的证词惊到了。检方也没有想到，杰米竟然会卑劣到站在证人席指控原本无辜的弟弟。只可惜，杰米的这套说辞虽然精彩，她却不能提供证据。经过三天的审议之后，陪审团做出最终判决，检方指控的一级杀人罪成立，隆尼 · 波罗·夏斯基的杀人罪名成立，他被判处终身监禁。

只是，案子到这儿还没有结束。因为杰瑞米枪杀两人，所以他即将被判死刑。为了减轻刑罚，杰瑞米一直在积极与警方合作。即便是被关在狱中，杰瑞米也一直在关注隆尼一案的审判进程。在杰米指认波的时候，杰瑞米就公开表示，波和琳达是这场杀戮中的受害者，他们原本就遭受了常人难以想象的痛苦，所以杰米和隆尼不该将波扯进杀人案中。

杰瑞米的证词让杰米倍感压力，没过多久，杰米就撤销了对波的指控，她承认自己在法庭上对波的指控都是谎言。杰米说那是孤注一掷，目的就是救丈夫出狱。尽管杰米尽力补救，但她的行为已经让她失去了一切。

隆尼一案结案后，杰瑞米再次联系警方，他告诉警方，除隆尼外，杰米也是这起凶杀案的主谋。凶案发生前几个月，杰米就知道了整件事情。但她不仅没有阻止这一切，反而开始计算自己能够分得多少父母的寿险理赔。杰米告诉杰瑞米，老布鲁一家的寿险金额加上他们的房屋财产一共价值 50 万美元，如果杰瑞米能够成功杀死四人，她可以继承这笔财产。

更让警方感到吃惊的是，杰瑞米竟然和杰米有婚外情。每当隆尼离开家的时候，杰瑞米都会前去与杰米幽会。这也是杰瑞米愿意为杰米卖命的另一个原因。现在，检方决定与杰瑞米做交易，只要他同意在法庭上指控杰米，检方就同意给他豁免死刑。为了证明杰米涉案，杰瑞米主动帮警方寻找证据。

杰瑞米告诉警方，在他被羁押期间，杰米曾经来探视过他，而两人也一直有书信往来。警方在这些信件中找到了一些关键性证据，这些证据足以证明杰米和杰瑞米之间有不正当关系，并且杰米确有涉案。面对这一切，杰米立刻展开反击，她声称这些信件都是隆尼和他的律师指使她写的，她并不清楚写这些信意味着什么。

杰米否认自己与杰瑞米之间有感情，说自己也从来没有与杰瑞米谈论过有关抢劫和杀人的事情，但检方手中有两名目击证人指出，在隆尼说要杀死他的岳父母时，杰米也在现场。对警方而言，有这对目击证人的指认就足够了。老布鲁夫妇命案发生一年后，杰米被警方逮捕。检方以两项一级谋杀罪起诉她。在这场审判中，杰瑞米·史尼德担任检方的主要证人，他以极其冷静的口吻有条不紊地将杰米如何涉案，如何谋划分配财产的详细情况公之于众。

现在，这起涉及贪婪、仇恨和畸形恋情的枪杀案完完整整地展现在陪审团面前，不管陪审团怎样看待杰瑞米这个人，他的证词都是确凿的证据。三天后，陪审团做出最终决议，杰米·布鲁被判有罪。

犯罪心理分析：层层叠加的犯罪动机

这是一场波折、诡异的枪杀案，从表面上看，嫌疑人杰瑞米作案动机明显，证据确凿，在抢劫成功的情况下，冒险杀死受害人。在这种情况下，说他是这场枪杀案的罪魁祸首也实不为过。但事实上，这起枪杀案的主谋却不是杰瑞米，虽然他也图谋布鲁家的财产，但他并不能直接获得老布鲁夫妇的信任，在没有外力帮助的情况下，他也不可能在短短几周的时间内就摸清楚布鲁家的情况，并顺利制造凶杀案。

要知道，杰瑞米是一名惯犯，在获得老布鲁夫妇的信任后，他完全可以轻松偷盗贵重物品，然后悄然离去，所以他并没有必须冒险杀死老布鲁夫妇的理由。这是让警方感到怀疑的第一个点。另外，隆尼一家在案发前突然搬离，也是让警方产生怀疑的一个关键因素，在刑事侦查的过程中，任何巧合都是值得推敲的。

果不其然，隆尼与这场枪杀案有关。为了诱使杰瑞米上钩，隆尼故意编造了一个弥天大谎，他用这个谎言刺激杰瑞米，诱使他对老布鲁一家产生杀念。隆尼之所以会迫切地想要杀死老布鲁一家，除想要获得老布鲁家的财产外，也和他自身的情况有关。隆尼因伤退役，前程尽毁，又在不得已的情况下娶了杰米，婚姻生活自然很不幸福。他没有经济收入，完全靠岳父、岳母的资助生活，可以想见，他对这种生活一定很不满意。

更何况，每一年夏天，隆尼都必须给老布鲁一家帮忙，这进一步恶化了他与岳父、岳母之间的关系，使各种负面情绪不断积压。但这些不满和仇恨还不足以使他产生杀念，最终诱使隆尼走上犯罪道路的还是他的贪念，他想得到老布鲁家的财产，过上无忧无虑的富人生活。在这种欲念的驱使下，隆尼才会找到杰瑞米并编造谎言，诱使他成为这场枪杀案的元凶。但他并不知道，杰瑞米犯罪的动机也并不全来自他。

杰瑞米和杰米之间的婚外情是导致杰瑞米枪杀老布鲁夫妇的另一个重要原因。在隆尼编造的谎言中，杰米是鲍勃迫害的对象，而梅瑞林又是助纣为虐的帮凶，所以他才会对二人产生杀念。再加上杰米也想要得到父母的遗产，她甚至早就做好了遗产分配协议，并经常性地在杰瑞米面前展示这份协议。

心上人的想法是迫使杰瑞米走出最后一步的动力，当然这些并不意味着杰瑞米自身没有作案的欲望，他同样想要得到老布鲁一家的财产。有了充分的作案动机之后，杰瑞米才在条件成熟的情况下实施了这场杀戮。

犯罪心理揭秘

一举成名的欲望

——约翰·列侬枪击案

1980年12月8日，晚上10点45分，纽约市曼哈顿上西区达科塔公寓外突然传出一连串剧烈的枪声，枪声划破了深秋宁静的寒夜，也揭开一起诡异谋杀案的面纱。纽约警方接到报案后立即抽调附近的巡警赶往案发现场控制局面，因为事发地点位于纽约市的繁华街道，所以周边的巡警数量众多，在办案警探赶到案发现场之前，事发地点的局面已被巡警控制。

巡警斯蒂芬·斯皮罗就是首批赶到案发现场的人，当时，案发现场的情况还很混乱，枪击刚刚发生不久。如果站在事发地用力抽动鼻翼，还可以闻到枪械发射后的轻微火药味。在酒店门卫和其他几名目击证人的帮助下，斯蒂芬和几个一同赶到的同事迅速锁定了开枪的嫌疑人。

这个人就站在公寓拱门外侧，这是一位年轻白人男子。因为巡警赶到现场的时间很短，所以这名男子并没有时间逃离案发现场。看到大批巡警将案发现场围住后，该男子也没有尝试着逃离，他高举双手，缴械投降。

将嫌疑人控制住之后，巡警们立即查看伤者的伤势。被枪击者名叫约翰·列侬，是享誉世界的披头士乐队的成员。在很近的距离内，凶手冲着约翰连开5枪，约翰身中4枪，伤势十分严重。这4颗0.38口径的子弹让约翰立刻陷入重度昏迷之中，警方火速将约翰送到最近的罗斯福医院接受治疗，但为时已晚。

当晚11点钟刚过，急诊室的医生就传达了约翰·列侬不幸遇害的消息。约翰·列侬的死让很多人深感悲痛，在那一年，总会看到有人在街上哀悼他。喜爱约翰的粉丝不愿接受这个已经发生的事实，他们不愿相信刚刚过了40岁生日、正值壮年的传奇披头士乐队成员就这样离开了。因为受害人的身份很特殊，所以这起枪击凶案自然就成了各大媒体密切关注的大案。

凶手是25岁的马克·大卫·查普曼，这位来自夏威夷的年轻人还有另外一个身份，他曾经是约翰·列侬的忠实粉丝。是什么让这个曾经痴迷披头士乐队的年轻人杀死自己的偶像呢？警方在处理凶案并寻找凶手作案动机的过程中一步步揭开了隐藏在这起凶杀案背后的谜团。

罗恩·霍夫曼是负责调查这起案件的侦探，在调查工作展开后，他首先调查了查普曼的背景。原以为查普曼的背景应该十分不堪，但让罗恩没有想到的是，查普曼的过往生活中并没有任何污点。25年来，查普曼从没有做过任何值得让人提高警惕的事情。认识查普曼的人对他的评价都很好，朋友们也很喜欢用“开朗”“友善”“勤恳”“乐于助人”这一类词汇来描述他。

所有认识马克·大卫·查普曼的人都不认为他和杀死约翰·列侬的凶手是同一个人。在调查这起凶案的时候，警方还必须了解披头士乐队的情况。在20世纪60年代，披头士乐队是世界上知名度最高的摇滚组合，他们的影响力和受欢迎程度都是音乐史上不曾有过的。

在当时，这支乐队对年轻人的生活产生了极为深远的影响，在西方，这种影响还涉及社会、政治和文化等各个领域。可以说，披头士乐队成员的一举一动就是当时人们关注模仿的风向标。在这群痴迷披头士乐队的年轻人中，有一个内向孤独的少年，这个少年就是马克·大卫·查普曼。少年时期，马克极度痴迷披头士，他的痴迷程度远远超出了其他同龄人。

等到披头士乐队进入全盛期后，成员公开了他们的经历，其中就包括使用迷幻药的事情。因为极度痴迷披头士乐队，查普曼也开始尝试使用迷幻药，在他看来，这种举动能够让他拉近与偶像之间的距离。

但是，在 1971 年以后，查普曼又变成了一个虔诚的基督徒，他不再滥用药物，也不再追捧披头士乐队。为了坚持自己的新信仰，查普曼开始抗拒摇滚，尤其是抗拒以约翰·列侬为主的披头士乐队。据查普曼自述，他成为基督徒的时候只有 16 岁，为了能够更好地学习基督教义，他和同伴拉里一起学习了近一年的时间。

在这段时光中，查普曼开始尝试与不同的“事情”做斗争，在做斗争的过程中，查普曼还会寻求“主”的帮助。事实证明，查普曼的这种新信仰不可避免地让他开始排斥过往，而这种排斥的力度远远超出了他自己的想象。约翰·列侬创作的部分歌曲中包含不相信耶稣、上帝以及宗教的词汇，这让查普曼非常难以适应。

起初，查普曼开始改写约翰的歌词，但他的这种行为并不能影响约翰，这个时候，查普曼开始幻想一件事——如果约翰·列侬死了，那该有多好。被警方逮捕后，查普曼并没有否认自己的罪行，他说自己之所以会杀死约翰，是因为他比耶稣基督更受世人的欢迎，这是他最不能接受的事情。

事实上，约翰·列侬曾经在1966年的一次采访中说过类似的话，但他当时的意思是说相对于上帝，人们更喜欢关注披头士乐队，但这句话还是引发了争议。在美国南部信奉基督的地区，很多人将约翰的这句话错误理解了，他们认为约翰是在鼓吹自己比上帝还要厉害，而这是对上帝的一种亵渎。

1970年，披头士乐队解散，约翰·列侬和新任妻子大野洋子开始单飞，一年后，列侬夫妇搬到纽约定居，他们住进了达科塔公寓。许多世界闻名的艺术家、演员和音乐家都喜欢住在这栋有着浓郁哥特式风格的豪华公寓里。对约翰而言，新的生活和新的国度可以让他有新的创作灵感，他们也做好了迎接新生活的准备，但他们并不知道，新的麻烦也将出现。

因为列侬夫妇本身就具备很强的感召力，所以他们在乐坛和政治方面的行为也备受世人关注。当列侬夫妇提出反战主义之后，美国政府立即展开了反对约翰·列侬的行动。等到尼克松总统因水门事件下台之后，约翰·列侬身上的压力再次剧增。一直到1975年，约翰·列侬基本上从公众的视线中消失了。

但约翰并不是一位隐士，他总会复出。等到政治局势缓和，约翰·列侬才重新回到世人的视线之中。1980年11月，列侬召开发布会，发行由他和妻子大野洋子一同制作的大碟——《双重幻想》。此时，约翰刚过40岁生日，在很多人眼里，此时的他正走进前途无限的新殿堂。约翰从没有想过，他的这次复出竟然会惹到一个远在夏威夷的年轻人，而这个年轻人又会用极端的手段杀死他。

警方通过审讯，从查普曼口中获知了一些他在谋杀前的行为。约翰·列侬的新专辑发布后，查普曼就经常全身赤裸地坐在放映机前，他会将放映机的声音开到最大，在激烈的摇滚乐中祈求魔鬼撒旦赐予他杀死约翰·列侬的力量。在查普曼过完25岁生日之后，这个表面正常的年轻人实施了他策划已久的计划——刺杀约翰·列侬。

查普曼在佐治亚州的迪凯特出生，他是家中长子。查普曼的家庭是典型的美国乡村家庭，家庭环境很正常，查普曼也从来没有受过不公平的待遇。警方可以确定，查普曼不具备任何极端或不寻常的天性，他没有精神病，在童年阶段也从未遭受过心灵和肉体上的创伤。高中毕业后，查普曼先后换了几份工作，然后又去读了大学。据查普曼的同学和老师回忆，查普曼对学习并不感兴趣，而且一直默默无闻。

1977年，查普曼来到夏威夷生活。通过详尽的调查报告，警方发现，查普曼来到夏威夷后先后有两次自杀行为，但都以失败告终。自杀失败后，查普曼才在夏威夷定居，一年后他又结了婚。在此期间，查普曼只住过一次院，其他时间一切正常。婚后，查普曼在一家打印店找了一份工作，但这份工作只做了几个月。

辞职后，查普曼又在当地的一栋豪华公寓内找到一份安保工作。在这个时候，查普曼开始迷恋杰罗姆·大卫·赛林格的《麦田里的守望者》一书。这是一本描写青少年焦虑的经典名著，在查普曼看来，故事中的主角霍尔顿·考尔菲尔德与他的情形很相像，所以他十分认同“霍尔顿”的行为。查普曼觉得自己也和“霍尔顿”一样，正在同碰到的伪君子们斗争。

1980 年夏，查普曼开始宣称自己精神错乱。没过多久，查普曼就看到《双重幻想》即将发行的消息。这一刻，查普曼开始将他积攒多年的对“伪君子”的恨意转嫁到约翰·列侬身上。查普曼被逮捕后，向警方陈述了他对约翰的观感，在他看来，生活在达科塔的约翰是一个十足的“伪君子”。查普曼会对自己重复这句话，这让他进一步坚定了要杀死对方的信念。查普曼还宣称，从约翰让他感到愤怒的那一刻起，约翰就一定会被杀死。

查普曼被逮捕后，警方搜查了他的房屋，在查普曼的家中，警方找到一册涂满标记的日历，在这册日历上，查普曼清楚地标记了他想要做的事情。从 1979 年 9 月起，到 1980 年 12 月止，写在这本日历上的疯狂行为开始急剧增多，虽然这些行为都被划掉了，但它们从侧面证明查普曼正在逐步失控。

查普曼还宣称，近些年，他的脑海里冒出了许多“小人”，这些“小人”总会指挥他，向他发出这样或那样的指令，所以他才会经常发怒。1980 年 10 月 20 日，在被约翰·列侬激怒之后，查普曼在夏威夷警察公寓附近的街道上购买了一把 0.38 口径、可以发射 5 发子弹的左轮手枪，而这把花费 197 美元、使用现金付账的手枪就是杀死约翰的凶器。

警方从枪店拿到了查普曼购枪时填写的单据，在单据的署名上，查普曼先是填上了约翰·列侬的名字，然后又将这个名字划掉，填上了自己的名字。1980 年 10 月 29 日，查普曼搭乘飞机前往纽约。到达纽约后，查普曼就带着手枪来到达科塔公寓门外等待着杀死约翰·列侬的机会。

警方在调查这起凶案的时候，发现约翰·列侬并不是查普曼选中的唯一目标，他还有备用计划。事实上，查普曼来到纽约的目的是用他刚买来的枪杀害一个名人，并借此吸引大家的注意。为了能够成功实施计划，查普曼还列了一份名单，上面罗列了一些备用目标，如果他没有机会杀死首选目标约翰·列侬的话，他就会试着去杀害沃尔特·克朗凯特、约翰尼·卡森、肯尼迪夫人、马龙·白兰度以及乔治·C.斯科特。

此外，查普曼还计划在成功杀害了约翰·列侬之后赶到百老汇，借着在前排座位观看演出的机会，用手枪近距离射杀在舞台上表演的演员乔治·C.斯科特。但是查普曼的计划并不是很周密，因为他不能在纽约给自己的手枪购买子弹。在纽约待了两周后，查普曼才飞回夏威夷。

回到夏威夷后，查普曼告诉他的妻子，说自己对约翰·列侬很着迷，所以他准备杀掉他。查普曼的妻子劝他去看心理医生，但查普曼并没有去。12月初，查普曼再次动身，他先在亚特兰大停了一下，在这儿搞到了5发0.38口径的子弹，然后才飞往纽约。1980年12月6日清晨，马克·大卫·查普曼到达纽约。中午时分，查普曼赶到达科塔公寓，他成功混入了达科塔门口附近的粉丝队伍中。

在随后的两天内，查普曼就在这儿等待约翰·列侬出现。被警方逮捕后，查普曼曾着重描述了等候约翰时的内心变化。查普曼说当时他已经完全沉浸在《麦田里的守望者》的世界中，他犹豫着，不知道是要自杀，还是要原路返回夏威夷或者是等待约翰·列侬的出现，然后不顾一切地杀掉自己曾经的偶像。

1980年12月8日凌晨3点钟，查普曼和妻子一起返回旅馆。短暂歇息之后，查普曼拿出《圣经》，开始翻看新约，查普曼在约翰福音注释的后面写下了列侬的名字。当天上午 8 点钟，约翰再一次离开旅馆，赶到达科塔公寓门外，他有预感，这将是他最后一次离开旅馆房间。在离去之前，查普曼拿着一本《麦田里的守望者》，并在书中写下："霍尔顿 · 考尔菲尔德给霍尔顿 · 考尔菲尔德，这是我的供词。"在这句话下面，查普曼还画上了横线。

在查普曼的供词中，他详细讲述了这句话的含义。查普曼告诉警方，原本他打算在射击后保持缄默的，警方想要的只能从这本书、这句话中去找。就在这天早晨，查普曼遇到约翰 · 列侬的另一位粉丝保罗 · 格列什，这个人是一位业余摄影家，他和列侬有些私交。两个人做了简短的交流，然后就待在公寓外等待。

因为查普曼一直与约翰 · 列侬的粉丝待在一起，所以达科塔的安保人员并没有察觉到异样。大约下午 5 点钟的时候，列侬夫妇从公寓中出来，他们原本打算去录制专辑中的最后一段歌曲的。因为来得很早，所以查普曼和格列什站在粉丝队伍的最前排。等到约翰 · 列侬夫妇走近之后，查普曼很自然地将夹在手臂上的《双重幻想》专辑递给列侬，列侬接过专辑，习惯性地问道："你想让我在上面签名吗？"

查普曼点头称是，列侬又问道："你带笔了吗？"查普曼又掏出一支笔，递给列侬，列侬接过笔，开始在专辑上签名。格列什觉得这是一幅很有意义的画面，他急忙举起相机，准备将这幅画面拍摄下来。签完名后，约翰 · 列侬将专辑递给查普曼，然后问道："这样可以吗？你还有其他事情需要我帮忙吗？"

列侬的话让查普曼有些不安，就好像是列侬已经察觉到了什么一样。等到晚上8点钟，约翰·列依准备离开录音棚的时候，其他人都已经散去了。此时，达科塔公寓门外只有查普曼、格列什和公寓的安保人员还在。在列依回返公寓之前，查普曼和格列什说了一通奇怪的话。在谈话的过程中，查普曼暗示格列什可能会再也见不到约翰·列依，格列什不明所以，也没将这件事放在心上。

格列什离开后，查普曼继续待在达科塔公寓拱门外等待，门卫乔斯则在门外侧的人行道上巡视。两个半小时后，约翰·列依返回公寓，他从一辆高档轿车内走下来，站在妻子身后20英尺的地方。查普曼站在公寓拱门外没有走动，他等着列依夫妇走近。当洋子走过去的时候，查普曼还冲她点了一下头。

约翰随后走进门廊，他认出了查普曼，但他并没有和查普曼讲话，两个人擦肩而过，查普曼向门外走了5步，然后转身，掏出手枪，朝着约翰的后背连开5枪。5颗子弹除了第一发打空了，其余4发子弹全部打中。受了致命枪伤的约翰摇晃着向前走了几步，然后扑倒在地。实施谋杀后，查普曼并没有急着离开，据他回忆，当时他的脑海中一直在回响着“成功了！我成功了！”的声音。

就在这一晃眼的工夫里，门卫乔斯大喊着冲进门廊，他用力摇晃查普曼的手臂，将手枪从查普曼手中夺了过来。这时，查普曼依旧没有回过神来，他似乎被自己的行为惊住了，不知道该如何是好。

查普曼从自己的口袋中掏出那本《麦田里的守望者》，他旁若无人地在门廊内缓缓踱步，试着去读这本书。查普曼无法让自己冷静下来，一直到警方赶到。案发两分钟后，警方就将查普曼制服了。警方在救护车赶到之前用警车将约翰·列依遂往最近的医院接受治疗。罗斯福医院的值班医生斯蒂芬·林恩负责这次治疗，当医生将约翰·列依推进急救室的时候，他已经失去了生命体征。

晚上 11 时 35 分，消息传出之后，默哀者立即聚集到达科塔公寓门外，人们捧着烛台，轻声哼唱着披头士的歌，为约翰·列侬守夜。12 月 10 日,约翰·列侬的遗体在一场小型葬礼上被火化。12 月 14 日，约翰·列侬下葬 4 天后，数以百万众的粉丝响应大野洋子的请求，为约翰·列侬默哀 10 分钟来悼念他。

12 月 9 日清晨，杀害了约翰·列侬的马克·大卫·查普曼被警方套上一件防弹背心，用专用的押送车押到纽约市刑事法院大楼。当查普曼等待审讯的时候，警方又搜查了他的旅馆房间。警方希望能够从旅馆房间中找到查普曼行凶的线索或动机。在查普曼的房间内，警方找到了一台显示器、一本《圣经》、一本护照、一些朋友的照片、一张托德·朗德格伦的卡带、一封基督教青年会的介绍信以及一张基督青年会的收据。

这些东西都摊放在显眼处，就好像是故意给警方检查一样。乔纳森·马克思是指派给查普曼的辩护律师，在询问查普曼是否想要更换审讯地点的时候，查普曼这样回复乔纳森:“当然不想，即便你把审讯的地点换到巴黎，人们也会知道。”这并不是侦探小说，凶案发生后，查普曼恍如无人地待在案发现场，目击者看到了他开枪的全过程，他也没有试图逃跑。所以调查工作一开始，被告律师就以查普曼患有精神障碍为由为其辩护。

查普曼被送到贝尔维尤医院的特殊监护病房内关押，他将在这里接受精神状态评估。法医精神病学家丹尼尔·史瓦兹博士负责该项检查。史瓦兹博士可以肯定查普曼并不是精神病人，他也很清楚自己在做什么，所以他才会选择在约翰·列侬背后开枪，才会将子弹射进约翰的要害部位。

虽然查普曼有很明确的是非判断标准，但他的心理又确实存在问题。丹尼尔认为，查普曼在孩童时代就十分孤僻，在 9 ~ 10 岁的时候，查普曼开始幻想一个全是小人的世界。这些小人住在他的起居室内，住在他出现的每一个地方，而他则是这些小人的皇帝，是这些幻想对象的指挥官。

丹尼尔还认为，当查普曼开始跟踪约翰·列侬的时候，他的确产生过自杀倾向，但这其实是因为他将自己看成了约翰·列侬，所以他想要杀死自己。查普曼认为，只要自己杀掉变成“自己”的约翰·列侬，他就可以获得重生。所以，在临床检测的时候，查普曼与那些偏执性精神分裂者及双重人格障碍患者有相同特征，从这些情况来看，查普曼确实患有精神疾病。

事实上，检方的看法更为直观，在检方眼中，查普曼杀死约翰·列侬就是为了出名，他根本没有患上精神病，所以他必须承担杀人的后果。1981 年 6 月 8 日，案件发生 6 个月后，在审判马上就要展开的时候，查普曼突然申请无罪辩护，这与辩护律师的观点不谋而合。最终，陪审团在参考了辩方律师提供的精神诊断书的情况下，做出以下宣判：马克·大卫·查普曼被判终身监禁，且在 20 年内不得假释。宣判后，查普曼被送到纽约州阿提卡监狱服刑。

20 年刑满之后，查普曼开始申请假释，在接受法院假释委员会询问的时候，查普曼首次公开透露了他杀害约翰·列侬的作案动机。查普曼说他之所以这样做，其实是为了出名，因为杀掉约翰·列侬可以迅速引起公众的注意，这样一来，约翰·列侬的名气就会转嫁到他的身上。

假释委员会认同这种说法。在假释委员会眼中，查普曼的行为十分恶劣，他是一个道德败坏的人。这样的人不会尊重生命，所以假释委员会驳回了查普曼提交的假释申请。

犯罪心理解析：从迷恋到仇恨

这是一起枪击惨案，受害人是享誉世界的著名乐队成员——约翰·列侬，而凶手则是曾经痴迷约翰的忠实歌迷。查普曼当场被捕，但他的作案动机并不明朗，在立案侦查的初期，警方暂时还不知道这个人畜无害的年轻人为何会枪杀约翰，但等他们厘清一切的时候，凶手的行凶动机自然就水落石出了。

是什么让查普曼从一名忠实歌迷变成了杀人凶手？犯罪心理专家认为，其中包含多种因素。首先，查普曼并不是一个完全正常的普通人，他孤僻的性格是导致他精神出现问题的主要原因，而且这种情况在他的童年时期就已经成了常态。尽管查普曼不爱交际，但他是一个非常聪明的人，他努力在生活中表现得与常人无二，这是他的伪装，也是导致他难以得到治疗，无法改变精神现状的主要原因。

就这样，查普曼的精神状态不断恶化，产生幻觉成为常态。随着年龄的增长，查普曼开始痴迷披头士乐队，这种新兴的摇滚乐能够让他进入幻想世界，只是当他模仿乐队成员开始服用迷幻药的时候，他的精神状态再次恶化。在这个时候，查普曼开始信奉基督教，在基督教义的帮助下，查普曼得到了喘息的机会。

但这并不能解决问题，基督教义让他开始仇视曾经的自己和让他变成那样的披头士乐队，而约翰·列侬也逐渐成了他仇恨的主要对象。但是这并不足以促使查普曼做出谋杀行为，更何况是要赶到千里以外的地方去谋杀对方。搬到夏威夷生活后，查普曼又迷上了《麦田里的守望者》一书，他在读这本书的时候，与书中的主角产生共鸣，这种共鸣又一次加重了他的精神问题。

在这个时候，查普曼不仅仇视约翰·列侬，他还仇视自己。因为在他的认知中，自己不就是一个一事无成、碌碌无为，又整日伪装自己的伪君子吗？为了让自己不再“碌碌无为”，查普曼决定让自己出名，也就是在这个时候，查普曼对约翰·列侬动了杀机，而这就是查普曼策划实施枪杀案的原始动机。

至于查普曼为何会有多次自杀经历，这完全是因为他的精神状态让他误认为自己就是约翰·列侬，但他又清楚自杀并不能让自己出名，所以这几次自杀均以失败告终。事实上，尽管查普曼对约翰·列侬动了杀机，但他的内心中依旧在挣扎，这也是他在见到约翰·列侬之后没有第一时间动手的真正原因。一直到渴望出名的欲望压倒了一切，查普曼才动手杀死了对方，而他也必须为自己的恶劣行径负责。

冲动型犯罪

——印第安纳波利斯市枪杀案

凌晨4时7分，印第安纳州印第安纳波利斯市911报警中心接到一个报警电话。报警者是一位中年女士，她目击了一起枪击事件。命案发生在市区38号大道上的一家酒吧门外的停车场内。报警者告诉警方，现场有人中枪，希望警方和救援人员可以尽快赶到现场。

警方接到报警后立即赶往事发地，几分钟后，警方就赶到了这家名叫“国王的杯子”的酒吧门外。艾德·布里克里和兰德尔·库克警探奉命赶往案发现场调查此案，等他们赶到案发现场的时候，酒吧周围已经被黄色警示带围了起来。凌晨4时30分，警方已经初步完成案发现场的勘验工作。

现场中央有一大摊血迹，受害人胸部中枪，他的伤势看起来非常严重。受害人中枪后曾躺在那儿，后来他被送到附近的医院进行急救。因为受害人已经被转移，所以两名办案警探并不清楚受害人的伤势到底如何，他们需要等待法医给出精确的检验报告，然后在该报告的基础上核对目击证人的证词是否准确，再决定是否采信目击证人提供的证词。

犯罪现场调查员吉姆·罗斯在案发现场内找到了两枚用过的弹壳，这两枚弹壳成为警方手中的首个证据。在案发现场中央，警方还找到一些物品（几美元和一个易拉罐），因为这些物品距离受害人倒下的位置十分近，所以警方认为这些物品可能与受害人被枪击这件事有关联。

急救人员告诉警探，受害人胸前只有一个伤口，这意味着凶手应该只开了一枪。在救护人员赶到之前，受害人的朋友奈德还对他实施过急救。在掌握基本情况之后，警方立即找到奈德，希望能够从他口中得到一些有用的信息。奈德告诉警方，行凶者开一辆黑色的本田思域汽车，受害人是他的好朋友，名字叫作埃里克·埃斯皮诺萨。

埃里克今年 28 岁，5 年前，他独自一人从墨西哥移民到印第安纳州印第安纳波利斯市定居。埃里克是一名墙壁工人，总会在闲暇时间来到酒吧喝两杯，而这家酒吧就是他常去的地方。警方又询问了酒吧的工作人员，从工作人员口中，警方初步掌握了凶手行凶的可能动机。

酒吧的工作人员告诉警方，受害人埃里克在案发当天约了某位女士到酒吧跳舞，他的这种行为让某个人十分不满，而这可能就是凶手行凶的原因。此时，医院内传来了很不好的消息，受害人埃里克经抢救无效，现已死亡。现在，警方要么尽快找到那个和埃里克一起跳舞的女人，要么找到那个对埃里克心怀不满的人。

酒吧的工作人员向警方提供了一张照片，这是一张合照，照片是他在工作之余拍摄的，但他并不能确定照片内是否有警方想要找的那个人。虽然这张照片并没有拍下所有人，但它依旧是一个重要证据。在这张照片的帮助下，警方可以在最短的时间内找到需要排查的对象，这将避免警方在排查工作中浪费警力。

此外，酒吧内的工作人员还表示，案发当晚，酒吧内并没有发生过打斗，但受害人和行凶者曾待在同一间酒吧内喝酒，而且他们都在关注某位女性。警方推测，对行凶者而言，在酒吧内喝酒的过程也是他下定决心要杀死受害人的过程，在此期间，受害人可能在无意间做了某些刺激凶手的行为。如果这一推论成立的话，那这就是一起情杀案，凶手的作案动机也就十分明显了。

为了能够尽快破案，警方决定用莱卡扫描仪对犯罪现场进行全面扫描。等到扫描结果上传到计算机内以后，警方就可以通过电脑随时查看案发现场的细节。与此同时，犯罪现场勘验人员则按部就班地将采自案发现场内的证物转移到犯罪证据实验室，在经过仔细检查后，警方或许能够得到凶手的 DNA 或与凶案有关的线索及指纹信息。如果能够得到这些关键证据，警方就能在短时间内侦破凶案。

对一起杀人案来说，警方必须尽快找到嫌疑人，以防继续发生不可控的事情。在各种证据都不足或没有得到准确结果的时候，警方就必须倚重目击证人。奈德是受害人的朋友，案发当晚，他还目睹了案发经过，所以警方在第一时间对他进行了询问，希望能够从他口中获得重要线索。

在这次询问中，奈德告诉警方，受害人埃里克没有仇人，他是这家酒吧的常客，从来没有与谁发生过冲突。案发当晚，埃里克和往常一样跳舞、喝酒，他还和一个白人女性说了一会儿话，但奈德之前并不认识这个女人，也不知道她的名字。在酒吧即将关门的时候，一位陌生人找到埃里克，埃里克和他一起从后门走了出去。

奈德跟在埃里克身后，他想要看看埃里克是否需要帮忙。出门以后，那名找到埃里克的陌生人从汽车内拿出一把枪，他用这把枪指着埃里克，埃里克站在停车场中央，一动也不敢动。与此同时，这名陌生男子的另一名同伙快速靠近埃里克，并向他开了枪。剧烈的枪声吓坏了奈德，他急忙躲到一边，等枪声停息以后，奈德站起身来，看到埃里克躺在地上，鲜血从他的口中流出来，很显然，他中枪了。奈德急忙大声呼救，让人拨打报警电话。

问清楚案发经过后，警方又开始询问凶手的外貌体征。奈德告诉警方，凶手穿了一件粉色或橙色的衬衫，戴了一顶黑色牛仔帽，身高大约在 1.8 米，应该是西班牙人。此外，奈德还注意到凶手的鬓角很长。询问结束后，奈德提供的证词和酒吧工作人员提供的证词大致相符，这也让警方开始相信凶手的作案动机是嫉妒。

根据奈德提供的证词，警方在酒吧工作人提供的那张照片中找到了作案嫌疑人，但因为他站的位置太远，再加上酒吧内的光线很昏暗，所以他在照片上的影像非常模糊，警方只能从照片上看到凶手似乎还戴了一副眼镜。警方将这些信息整理确认过后，就经由上级转交给新闻台，让新闻台将嫌疑犯的信息公布出去，提醒市民注意防范有相同特征的人，并希望有人可以认出嫌疑人。

案发当天上午 9 时 36 分，布里克里警官从验尸官那里拿到了验尸报告。经过尸检,发现受害人锁骨中枪,但子弹打入的部位很不寻常。凶手射出的子弹击碎了受害人脖子上的项链，弹头还将一些项链碎片带到受害人的身体里，并形成一个 U 形伤口。经过 X 光检查，验尸官还发现受害人的体内有两颗子弹，但只有一个弹孔。

其中一颗子弹击破受害人的皮肤后，又击断了一根颈部动脉，穿过受害人的喉管后嵌在受害人的脊柱内，另一颗子弹则在脊柱左侧的肺部下面。造成受害人死亡的原因是肺部和颈部动脉出血。这是一份让人难以置信的验尸报告，布里克里警官也难以相信一名喝过酒的人竟然能够将两颗子弹打在同一个伤口里，除非凶手是一名神枪手，普通人显然不具备这样高超的射击能力。

在后续的调查工作中，警方又发现装在酒吧对面杂货铺外侧的摄像机可能拍下了整个案发经过。当天下午 1 时 35 分，受害人的父母从墨西哥赶到。警方立即安排了面谈。在这次谈话中，受害人母亲告诉警方，埃里克曾在去年 12 月的时候寄给她一笔钱，并让她为自己祈祷。埃里克的母亲表示，虽然埃里克什么也没有说，但她觉得他应该是欠了钱，数额大概在 600 美元，欠钱的原因可能与毒品有关。

现在，警方必须重新考虑凶手的行凶动机，如果受害人的母亲讲的是实情，那么凶手行凶的动机很可能是债务，但如果说凶手因为 600 美元就开枪杀人，似乎又有些说不通。当天下午 2 时 53 分，警方接到了一名目击者打来的电话。这名目击者告诉警方，案发时她也在现场，而且她认识嫌疑犯。

当天下午 4 时 6 分，警方与目击者伊莎会面。伊莎告诉警方，凶手应该就是查帕罗。伊莎说，这个名叫查帕罗的男人还不到 20 岁，他的脸圆圆的，个头不是很高，案发当晚他也没有戴帽子。伊莎还表示，案发当晚查帕罗在酒吧内就与受害人发生了争吵，他威胁受害人，让他尽快还钱。

威胁过受害人后，查帕罗将他带出酒吧，又在酒吧后面的停车场内与受害人说了一会儿话，然后他就进了一辆红色福特车内，开着车绕着停车场来回打转。过了一会儿，查帕罗将车停了下来，他走下车，大声吵嚷着让受害人还钱。此时，还有另外一个人站在受害人对面，他朝着查帕罗喊了几声，查帕罗则掏出手枪朝着受害人开了两枪。

开枪后，查帕罗又走到受害人身边，他一边朝着受害人扑倒在地的身体丢了几张钞票，一边叫嚣道："给你钱，让他们把你送回家吧。"询问结束后，警方不得不停下手中的工作，重新整理这起凶杀案的始末。虽然伊莎的供词解释了案发现场内的现金，但这些证词与目击证人奈德的证词出入很大，两人指认的凶手也不是同一个人，不过两个人对查帕罗的描述很相像。

当天下午 5 点 39 分，奈德再次被警方传讯。在这次询问中，奈德表示自己并没有看到红色福特车，也没有看到受害人中枪倒地后有人走上前朝他丢钱。但奈德也表示，自己听到枪响后就一直在跑，所以他并没有看到受害人是怎样倒下去的，也不知道枪响前后具体发生了什么。询问结束后，警方开始考虑，在这起枪杀案中会不会有两名作案嫌疑人？

案发时，这两个人都手持枪械，但只有一个人朝受害人开了枪，而且开枪的人拥有极高的射击技巧。因为第二个目击证人伊莎曾清楚地看到凶手朝受害人开枪，所以警方决定将调查重点放在查帕罗身上。

按照伊莎所述，警方整理出了案发时最有可能发生的经过。案发时，伊莎先来到酒吧后门外边，她准备离开酒吧回家，但紧接着她看到查帕罗从酒吧后门出来，上了一辆红色福特车，他开着车绕着停车场打转。不一会儿，埃里克和奈德也从酒吧后门走了出来，他们一起走进停车场。伊莎注意到查帕罗驾驶的那辆福特车似乎一直在盯着埃里克。

在停车场中的一块空地上，还有一名头戴牛仔帽的男人，埃里克来到这里和他说话，突然，戴牛仔帽的男人从一辆黑色本田车里拿出了一把手枪，他用枪指着埃里克。奈德吓了一跳，他转身就跑，找地方躲藏。与此同时，查帕罗在另一个车道停下车，下车后他从侧面靠近埃里克，然后突然开枪。

因为查帕罗出现得十分突然，所以埃里克根本就没有机会躲闪，他的注意力全被对面那位头戴牛仔帽的男人吸引着。查帕罗连开两枪，这两枪几乎同时击中埃里克，埃里克身受重伤扑倒在地，生死不知。查帕罗走近埃里克，他掏出一些钱丢在埃里克身上，让他用这些钱找人送他回家。

如果警方的推论成立，那么一开始警方认定的杀人动机是不能成立的，凶手显然不是因为嫉妒才动手行凶的，其中一定另有隐情。经过仔细推演，警方决定从查帕罗下手，他们先安排 4 个两人潜伏小组监视这家酒吧，静待查帕罗出现。如果警方能够在查帕罗前往酒吧的时候将他捕获，那这起枪杀案很可能就会被快速侦破。

3 月 13 日周五，警方准备行动，当晚 22 时 36 分，所有警员已经准备就绪。目击者伊莎将埋伏在酒吧内等待嫌疑人出现，等嫌疑人准备离开的时候，伊莎会打通警方的电话，埋伏在酒吧外面的警员就会在第一时间动手，将嫌疑人逮捕。3 月 14 日凌晨 2 时 22 分，一辆红色福特车出现在酒吧后门的停车场上，但这辆车的主人并不是嫌疑犯。

当天，嫌疑犯并没有出现，伊莎则收到了一条新线索，她的朋友告诉她，查帕罗现在在芝加哥。办案警探认为，这次精心设计的埋伏行动可能被某些“有心人”看到了，因此，听到风声的嫌疑犯并没有出现。现在，警方决定暂时撤销埋伏行动，然后静待伊莎的消息，只有这样，嫌疑人才有可能现身。

五个小时后，警方再次接到伊莎的电话，这一次，伊莎终于从其他朋友那里拿到了嫌疑犯的全名，这个外号叫“查帕罗”的男人全名是艾尔·尼格罗。尼格罗不仅贩毒，还涉嫌走私毒品，另外，他还是一名职业杀手。警方拿到信息后，立即对其进行调查，结果发现这个人还和“泽塔斯”组织有联系。“泽塔斯”是墨西哥贩毒集团手下的一个雇佣组织，该组织势力很大，警方不得不重新考虑这起枪击案，以防新的变故突然发生。

经过调查，警方找到了“泽塔斯”组织设在拉雷多镇的一个据点，该组织在这个据点培训成员。为了了解更多“泽塔斯”组织在贩毒、走私等方面的信息，托里斯警探决定前往拉雷多，利用当地的警察系统尽可能多地收集信息。从当地专门负责调查“泽塔斯组织”的警探口中，托里斯警探拿到了他想要的信息。

“泽塔斯”组织的内部成员都是经过专业训练的杀手，这些人的枪法都很好。最开始，“泽塔斯”组织的成员都是墨西哥擅离职守的特种兵，这些人和贩毒团伙结盟，然后迅速发展，现在这个组织的触手遍布各地，在达拉斯、圣安东尼奥、菲尼克斯和芝加哥等与走私毒品有关的地方，都能找到这些人的身影。

从拉雷多回到印第安纳州之后，托里斯警探立即将调查结果上报，警方在第一时间与特警队取得联系，并重新制订了抓捕计划。案发第六天晚上 9 时 31 分，特警队员和警方卧底已经准备就绪。当晚 10 时 35 分，目标出现在酒吧内。布里克里警探立即命令潜伏在远处的特警队员赶往38号大街，包围圈慢慢合拢。

伊莎将嫌疑犯的穿着外貌透露给警方，警方则在酒吧外面埋伏，等待嫌疑犯从酒吧离开。第二天凌晨2点半，嫌疑犯准备离开酒吧，伊莎第一时间将这个信息传递给警方。特警队员立即行动，逮捕行动很顺利，毫无防备的嫌疑犯被当场逮捕。事实上，在嫌疑犯走出酒吧后门的一瞬间，特警队员就彻底控制了局面。

嫌疑犯在身份证上的名字叫作安东尼·巴德拉，警方将他逮捕归案后，审讯工作也立即展开。尽管审讯工作迅速展开，但嫌疑犯依旧提前做好了的防范，他拒绝承认一切，严词否认警方指控的罪行。审讯工作毫无进展，嫌疑犯不愿认罪。

但是，酒吧对面杂货店外安装的监控设施拍下来的监控视频与伊莎提供的证词完全相符，这是一项确凿的证据，在这样的证据面前，嫌疑犯的反驳显得苍白无力。安东尼·巴德拉因谋杀罪被警方起诉，法庭判其有罪，安东尼被判终身监禁。

犯罪心理解析：毒品与金钱酿成的命案

犯罪心理专家指出：这是一起枪击命案，案发地点在酒吧。酒吧人流量很大，凶手选择在这种地方行凶杀人，又没有刻意掩藏行迹，显然是冲动型杀人案。这种类型的凶杀案一般会有目击证人，所以侦破难度并不是很高。警方接到报案后，也立即展开了调查工作，并在目击证人的帮助下逐步厘清案情。

虽然这种类型的杀人案通常有目击证人，但这并不意味着目击证人提供的证词都是真实发生过的。因为凶杀案发生的时候，目击证人也会受到惊吓，再加上其他原因，所以目击证人看到的内容可能会与事实真相发生偏离。在本案中，受害人的好友奈德就是这种情况。

凶案发生后，奈德提供的证词和酒吧工作人员提供的信息相符程度很高，这让警方有理由相信这起枪杀案的作案动机是“嫉妒”。找到凶手的行凶动机后，警方在符合该动机的前提下推理案情。也就是说，奈德提供的供词在一定程度上误导了警方。幸运的是，警方因为缺乏证据，并没有沿着奈德提供的线索继续追查下去。

一直到伊莎出现，警方的调查工作才再一次步入正轨。因为伊莎提供的证词更加清晰明确，对案发过程的描述也更加详细，所以警方更倾向于相信她。再次对奈德进行询问后，伊莎的证词成了警方调查的重点。再加上取自酒吧对面杂货店的监控录像，警方终于厘清了整个案发经过。

截至此时，凶手的作案动机也很清楚了。凶案发生前，受害人就曾与家人联系过，并向家人转了一笔钱。受害人的母亲从受害人的言语中察觉到他应该是欠了一笔钱，在欠有外债的情况下，受害人还将自己的存款汇给家人，这意味着他已经感受到了危机，凶手可能在这个时候已经威胁过他。

但是，当时凶手并没有产生杀死他的念头，一直到次年3月，凶手急需用钱，当他找到受害人，要求受害人还钱的时候，受害人依旧没钱。在此期间，凶手可能多次向受害人索要过钱，但每次都没有结果，几番冲突累加之下，凶手终于萌生杀念。凶手在酒吧内喝酒的过程就是他策划谋杀行动的过程，而导致这一不幸结果的诱因只不过是受害人欠了他一笔钱，这笔钱才是凶手杀人的真实动机。

犯罪心理揭秘

操纵女性的凶手

——坦帕市枪杀案

2004 年 4 月 13 日 1 时 4 分，崔西 · 杭费从佛罗里达州州立监狱中潜逃，虽然他成功逃了出去，但监控系统清楚地记录了他逃亡时选择的路线。越狱事件发生后，警方立即沿着崔西逃亡的方向展开了大范围的拉网式搜查。作为一名刚被警方羁押、暂时还未定罪的嫌疑犯，崔西冒险越狱的行为进一步证实了警方的推测。在警方看来，崔西很有可能是因为害怕承担谋杀罪名才冒险越狱的，所以只要能够重新将他抓捕，就有可能让其俯首认罪。

崔西是佛罗里达州坦帕市的一名私人健身教练。虽然他的身材十分高大，但他还是长期服用大量类固醇和一些能够促进人体生长的激素类药物。这些药物可以让崔西的肌肉变得更加强壮，但长期服用这些药物，也会让他变得暴躁易怒并形成其他人格问题。崔西在艾奥瓦州长大，他在那里惹过一些麻烦，还坐过牢。因为罪名较轻，崔西很快就被获准出狱。出狱后，崔西搬到佛罗里达州迈阿密市居住。

在迈阿密，崔西结了婚，并生养了一个女儿，但这段婚姻并没有持续很久。在警方的档案库里，崔西是一名暴力罪犯，他曾因绑架、伤害及偷盗车辆的罪名被捕入狱，被判 3 年监禁。警方调查得知，崔西有暴力倾向，他经常对女友实施家暴。有些时候，崔西还会趁着女友熟睡的机会攻击她。

崔西的前女友们曾多次申请司法保护，但这并不能阻止崔西继续威胁她们。除有暴力倾向外，崔西还很擅长伪装自己，他非常擅长隐瞒自己过去的生活并给自己更换新的面目。据警方调查，崔西对人说他是职业美式足球员，曾在坦帕湾海盗队担任主力，还说自己是职业男模特，曾经在巴黎当过内衣模特。

虽然这些内容都是崔西捏造的，但似乎他的谎言并没有被哪位女性识破。崔西非常善于博得女性的欢心，很多认识他的女人觉得他很棒，这些女性非常喜欢崔西，也都愿意相信他。在警方看来，崔西就是一个典型的投机分子，他很善于编造谎言。借助谎言，他可以接近自己看中的目标，然后从目标身上夺取他想要的东西。

就这样，来到坦帕市做健身教练的崔西遇上了珊卓拉·维索。珊卓拉是一个俱乐部的调酒师，她是个相貌迷人的金发美女，还曾担任空乘服务员和时装模特。和珊卓拉结识之后，崔西让珊卓拉帮忙在她供职的俱乐部给他找一份保镖兼差。珊卓拉有一段很不愉快的婚姻，为了能够摆脱这段不幸的生活，她在 1990 年搬到坦帕市生活，独自抚养女儿珊妮。

珊卓拉是一个性格和善且乐于助人的开朗女性，所以她有很多朋友，崔西就是其中之一。警方在调查崔西与珊卓拉的这段关系时，发现两个人并不像表面上的那样和谐。警方发现，崔西一直想与珊卓拉发生关系，但珊卓拉只拿他当朋友。为了能够让两人之间的关系更进一步，崔西就经常对珊卓拉施压，他会在公共场合骂珊卓拉是“骚货”，还威胁珊卓拉，说她一定会为她的行为付出代价。

随着时间的推移，崔西的真面目也逐渐浮出水面，虽然崔西的行为变得更加不堪，但珊卓拉无论如何也想不到自己竟会惨遭毒手。2002 年 2 月 22 日，崔西说服珊卓拉，准备等她上完夜班后去她的公寓找她商议事情。见面后，崔西粗暴地将珊卓拉推进卧室，他用力殴打珊卓拉，直到珊卓拉无力反抗为止。崔西还癫狂地大声叫喊，宣称这一天将属于他，他要在这一天得到他应得的尊重。身高六尺三寸的崔西将珊卓拉囚禁在公寓内并对她实施侵犯。在连续两天的时间内，崔西反复殴打珊卓拉，还将珊卓拉的个人资料及电话簿复制下来。

拿到珊卓拉的个人资料后，崔西又进行了令人胆寒的威胁。崔西告诉珊卓拉，说她永远也别想逃掉，如果她逃了，那他就会杀掉珊卓拉全家；如果她敢控诉他，那他就会叫小混混来找她，让她生不如死。说完，崔西突然开始放声大哭，他请求珊卓拉原谅自己，并拿出冰袋帮珊卓拉敷脸。做完这些后，崔西突然又拿出一把刀架在自己的喉咙上，他一边轻轻割伤自己，一边让珊卓拉帮他圆谎。

崔西让珊卓拉谎称自己出了车祸，以便解释她身上的瘀伤，如果珊卓拉不答应，他就死在珊卓拉面前。在崔西的威逼下，珊卓拉只能屈服。第二天，崔西就明目张胆地载着珊卓拉去上班，然后告诉所有人，他们出了车祸。因为崔西编造的谎言很像回事儿，所以大家都没有起疑。直到 5 天后，珊卓拉鼓起所有勇气向警方报案，事情才出现转折。

因为珊卓拉等了 5 天才报案，所以一开始，警方并不愿意相信她。但随着调查工作的深入展开，事实一点点浮出水面，警方才相信珊卓拉并将崔西逮捕归案。只可惜，因为珊卓拉 5 天后才报案，所以警方无法完成性侵犯检测流程，也不能拿到崔西侵犯珊卓拉的证据，所以只能以伤害罪起诉崔西。

崔西将在2003年8月出庭受审，到这个时候，只要珊卓拉出庭指认崔西，崔西就有可能被判10年监禁，但崔西一直在威胁珊卓拉。崔西扬言，如果珊卓拉敢出庭指控他，他就会让珊卓拉死无葬身之地。出于恐惧，珊卓拉换了工作，又搬到海湾另一侧的圣彼得堡居住，但她并没有放弃指控崔西的想法。

珊卓拉告诉母亲，她愿意尽一切力量将崔西送进监狱。因为珊卓拉发现，崔西之前就面临过很多类似的控告，但每次即将开审前，这些控诉都被撤销了。珊卓拉很清楚，这些苦主都受到了恐吓，但珊卓拉不希望还有人像她一样受害，所以她决定同崔西做个了断。2003年7月5日，就在即将出庭指认崔西的前一个月，珊卓拉遭人灭口。

珊卓拉在新公寓的车库内遭到枪击，报案者是她的现任男友。等救护人员赶到现场的时候，珊卓拉的情况已经十分危急，救护人员立即将她送往附近的医院进行抢救。枪击事件发生后，重案队警探保罗·安德鲁奉命赶往案发现场。安德鲁警探赶到案发现场时，珊卓拉已经被送往医院，但案发现场保存完好。安德鲁警探立即安排警员检查案发现场，寻找能够追捕凶手的线索。

安德鲁警探发现，受害人公寓的房屋都上着锁，只有车库的大门开着，车库内停着一辆黑色宝马车，车内的驾驶座位上残留了大片血迹。很多玻璃碎片溅射在车辆周围，车内地板上还有几枚弹壳。很显然，珊卓拉是在驾驶座位上遭到枪击。根据案发现场的情况，侦办人员判断，凶手应该是从驾驶座左侧的车窗进行射击，子弹击碎车窗后又击中珊卓拉。

结合案发现场的证据以及从珊卓拉被子弹击中的部位来看，凶手开枪的时候，珊卓拉已经惊觉，她尝试着往副驾驶的方位躲，但她被卡在前座，无路可逃。凶手连开多枪，珊卓拉的伤势非常严重。数个钟头后，被送到医院接受急救的珊卓拉不治身亡。现在，枪击案升级为凶杀命案，警方要求安德鲁警探尽快破案。

现在，安德鲁警探手中可用的线索很少。枪击发生时，周围并没有目击者，也没有人听到枪声，公寓内外没有安装监控设备。整个案发现场内只有碎玻璃片、子弹壳和受害人留下的大量血迹。警方在车内找到一枚指纹，但这枚指纹属于受害人的男友，这枚指纹是他想要扶起珊卓拉的时候留下的。

就在警方一筹莫展的时候，受害人的母亲向警方提供了一条关键性线索。珊卓拉的母亲告诉警方，杀人凶手很可能就是那个威胁自己女儿的人，他的名字叫作崔西·杭费，再过一个月，女儿就要出庭指认他，这个人还扬言要杀掉珊卓拉全家。在确定情报属实之后，崔西立即成了这起枪击凶案的主要嫌犯。

警方找到崔西，对他进行言语试探，崔西表现出一副很乐意配合的样子，却始终不做任何交代。在问话的最后阶段，崔西还表示自己虽然很想与警方交谈，但他还是决定听从律师的建议，不与警方做沟通。至此，警方的调查工作再次受阻，但崔西的举动也进一步加深了他的作案嫌疑。

与此同时，警方又先后约谈了近百人，这些人都是与受害人有关联的亲友，他们在谈话的时候大都提到了崔西，并一致认为这个人很可能与受害人的死有关。警方在追查崔西的底细时，发现他在命案发生的前一天，也就是 7 月 4 日与艾许莉 · 兰妮结婚了。艾许莉认识崔西的时候才 19 岁，那时崔西刚刚因攻击珊卓拉被警方逮捕。

艾许莉就在崔西就职的健身房对面的一家商店工作，但她并不清楚崔西的过往。一天下午，艾许莉来到健身房健身，崔西突然出现，自荐为她的健身教练。在艾许莉看来，这个高大健硕的白人男子十分有魅力，他年长成熟，正是她需要的可以帮助自己独立的男人。

艾许莉被崔西迷得神魂颠倒，在艾许莉的心目中，崔西的形象十分正派，所以她才决定嫁给这个远比她大的男人。但艾许莉完全不了解崔西可怕的过去，尽管崔西向她坦承自己有案在身，并处在保释期间，但艾许莉并不清楚什么算是保释期间，她不知道崔西曾经被警方逮捕，也不知道他现在只是付了保释金，获准暂时性出狱，更不知道崔西马上就要出庭受审。

得到艾许莉的认可之后，崔西开始故态复萌，他先是给艾许莉提一些建议，用间接方式来管理她。在崔西的甜言蜜语中，艾许莉开始按照崔西的喜好化妆，开始穿崔西认可的衣物，梳起崔西想看的发型。在不知不觉中，艾许莉的一举一动都要受到崔西的控制。警方在弄清楚其中的缘由之后，准备在崔西离家的时候访问艾许莉。

突然有警察造访，这让艾许莉十分紧张。也不知道是生病的原因还是因为过度紧张，问话期间艾许莉因身体不适起身离开过几次，但她还是向警方提供了一份口供。艾许莉告诉调查人员，案发当晚，她和崔西约了朋友一起在家里吃比萨。艾许莉所说的朋友是崔西的物理治疗客户托比 · 怀特。警方立即找到托比 · 怀特核实这件事，面对警方的恳切询问，托比讲出了事情经过。

托比告诉警方，命案发生当晚，三人确实都在公寓中，艾许莉和崔西点了一份比萨，点餐时间大约在晚上 11 时 30 分。托比的证词和艾许莉提供的证词几乎完全相同，这让警方有些疑虑。为了能够弄清楚事实真相，警方又找到比萨配送员进行问话。配送员告诉警方，案发当晚，崔西确实点了一份比萨，但他送餐的时候只看到了崔西一个人在家，并没有看到艾许莉和托比。

拿到配送员的证词后，警方再次找到托比，这一次托比终于说了实话。原来，崔西曾威胁托比让她帮忙做假证，如果她不按照崔西的要求去做，那么崔西就会疯狂报复她。崔西还将该说的话写在纸上，让艾许莉和托比一起记纸上的话，如果警方询问，那就用这上面的供词来应付警方。

拿到托比的证词后，警方又开始着手调查珊卓拉遇害当晚崔西和艾许莉的手机通话记录。根据手机定位查询，警方得知该区域所有的电话都要透过附近的手机信号发射台来进行信号传递，从这个信号发射台拿到的数据来看，案发当晚，属于艾许莉的手机曾在受害人公寓附近拨过好几个电话，这些电话都打到了崔西的手机上。

警方推断，持有手机并拨打电话的人就是涉嫌谋杀珊卓拉的人。如此一来，艾许莉自然也就成了警方的怀疑对象。警方开始正式传唤艾许莉，在深入调查之后，警方发现，艾许莉可能涉案，但她杀死受害人的动机并不充足，警方认为其中定有隐情。但是就目前而言，警方手中所掌握的证据又不足以证明崔西就是杀人凶手，仅凭现有的证人证词也很难打赢官司。

为了尽快破案，警方决定对艾许莉施压。警方再次传讯艾许莉，并在问话期间向艾许莉出示警方已经收集到的证据，其中包括崔西之前所犯的罪行和服刑记录，还有崔西曾经伤害过的受害人的照片。随着警方的展示，崔西在艾许莉心目中塑造的光辉形象轰然坍塌，最让艾许莉受不了的是，崔西还是一个双性恋，他曾和一名男性发型师发生过关系。

艾许莉不能忍受这种欺骗，她终于开始向警方吐露实情。艾许莉向警方承认，枪击受害人的就是她。艾许莉同意担任检方证人，经过协商，警方以 25 年最低强制监禁为条件要求艾许莉配合警方将崔西定罪。达成协议后，艾许莉才将事情的始末和盘托出。至此，警方才终于得知这对夫妻之间的扭曲关系。

艾许莉告诉警方，杀死受害人珊卓拉的想法是在某次吵架后由崔西提起的。当时艾许莉被崔西打倒在地，她伤心地大哭起来。但让艾许莉想不到的是，崔西竟然也坐在床头失声痛哭。起初，艾许莉以为崔西痛哭是因为他打伤了自己，看到崔西如此难过，艾许莉心头一暖，她开始安慰崔西，想要和崔西一起忘记这件事，重新共同克服生活中的难题。

但艾许莉的安慰反而使崔西更加伤心了，他急声说道："反正我早晚都要被送去坐牢，与其这样，还不如早些结束这段关系，你现在就离开，也好开始新的生活。"艾许莉被崔西的真情打动，她心想：我绝对不能让这种事情发生，我爱他，只要能和他在一起，我什么都愿意做。艾许莉单纯的想法让崔西欣喜若狂，他假惺惺地告诉艾许莉，只要艾许莉做一件简单的事情，他就可以逃脱法律制裁，两个人就能在一起和和美美地过日子。

崔西话音刚落，艾许莉就毫不犹豫地答应要为崔西做这件事。眼看时机成熟，崔西就对艾许莉说："能够让我们继续生活在一起的唯一方法就是在珊卓拉出庭指认我之前将她灭口。"急于和崔西重归于好的艾许莉立刻就同意了，她同意帮助崔西杀死珊卓拉。但是艾许莉只是一个年轻女孩，她实在不愿动手杀掉珊卓拉。

答应崔西之后，艾许莉就驾车外出，她四处游荡，准备到处游历一下然后自杀。最后，艾许莉放弃了自杀的想法，她驾车回家，找到母亲，将这件事原原本本地讲了出来。得知事情的始末之后，艾许莉的母亲准备去告发崔西，就在此时，崔西突然出现，他的样子十分憔悴，似乎哭了一整晚。崔西告诉艾许莉，如果你愿意跟我回家，那我明天就会娶你。崔西还向艾许莉保证，他不会再动杀死珊卓拉的念头了。艾许莉再次被崔西说动，她决定同崔西回家。

当时艾许莉的母亲正要报警，但女儿的选择让她不得不挂断了电话。母亲泪流满面地望着艾许莉，但艾许莉还是跟着崔西走了。回到家后，崔西果然没有再提要她杀人的事。2003 年 7 月 4 日，艾许莉和崔西结婚，但是让艾许莉想不到的是，婚礼刚刚结束，崔西就再次命令她去谋杀珊卓拉 · 维索。最后，艾许莉按着崔西的计划杀死了珊卓拉，但她无论如何也想不到自己竟会被崔西设计成帮他背黑锅的人。

现在，艾许莉彻底看清了崔西的面目，她听从警方的安排，准备在大陪审团前指认崔西，让他为自己的行为负责。艾许莉的合作是警方整个检控拼图中最重要也是最致命的一环，再加上其他证据、证词就足以将崔西定罪。2004 年 3 月 20 日，检方以一级谋杀罪将崔西 · 杭费告上法庭。

至此，崔西制订的“完美计划”宣告破产，他很清楚自己的结局，只要法庭开审，他就将在监狱中度过余生。于是，在被移送到新监狱羁押的过程中，崔西明目张胆地越狱逃亡。崔西的逃亡计划很成功，他确实逃了出去，但他只逃了 3 个小时就被警方重新逮捕了。再次被逮捕后，崔西凭借着强壮的身体奋起反抗，他依旧不愿束手就擒。崔西的身体很强壮，但逮捕他的警长更加强壮，崔西当场被撂倒，然后被扭送到监狱中羁押起来。

2006 年情人节当天，法庭开审珊卓拉被害一案。检方开始有条不紊地陈述案发当晚珊卓拉遇害的全过程。艾许莉当庭指认崔西，并供出埋藏凶器的地点及购买作案用的数件物品的收据。尽管艾许莉的指控很有力，但崔西依旧拒不认罪，他在辩方律师帮助下试图将所有罪行推给艾许莉。

为了帮崔西洗脱罪名，辩方律师甚至将艾许莉形容成“心机深沉的婊子”，并表示，在这场谋杀案中，崔西只是可怜的受害者，他完全不知道新婚妻子会犯下如此罪行。最后，辩方还让崔西登上证人席自证，但效果并不如预期。2 月 27 日，经过 13 天的审理，陪审团离席商议，整个商议过程只用了两个小时，陪审团达成一致意见，认为崔西·杭费有罪，检方指控的罪名全部成立，判其终身监禁，且终身不得保释。

犯罪心理解析：操纵女性的恶魔

这是一起残忍的枪杀命案，受害人珊卓拉在自家的车库中遇害，但杀人凶手竟是与她毫无关联的年轻女孩——艾许莉。诚然，艾许莉才是杀死受害人的凶手，但她并非作案主谋，她没有明显的作案动机，也严重缺乏作案能力，到底是什么让她变成杀人凶手的呢？这就必须提到本案真正的元凶，谋划这一切的人——崔西·杭费了。

崔西本是一名健身教练，长期服用药物让他变得暴躁易怒，但同时，他又是一个善于伪装的人。崔西总会将自己伪装成少女倾慕的对象，他成熟健谈，很容易得到女性的认可，在博得对方的认同之后，崔西才会逐渐显露出被他隐藏在内心深处的变态控制欲望。很显然，崔西在操控他人的过程中体会到了他想要的感觉，这种感觉让他着迷，并使他不断残害少女。

犯罪心理专家指出：作为一名情场老手，崔西很善于把控对方的心理，威逼利诱是他的工具，在他的手段下，很多女性无力反抗，只能任其摆布。这种情况一直到遇到珊卓拉为止。遭到侵犯后，珊卓拉并没有屈服，因为她知道，如果自己选择屈服，崔西就会继续猖狂下去，一定还会有其他女孩惨遭毒手。

在此之前，崔西从未遇到过反抗意志如此顽强的女性，他被珊卓拉吓到了。想到自己将要被关进监狱，崔西就下定决心要除掉珊卓拉，也就是说，在珊卓拉面对崔西恐吓的情况下依旧决定出庭指认崔西之后，崔西就对珊卓拉动了杀念，而这就是崔西谋杀珊卓拉的原始动机。至于艾许莉，她只不过是崔西在制订谋杀计划的过程中选中的一枚棋子。

在利用艾许莉的时候，崔西再次发挥了他操控女性的“天赋”，他连哄带骗地将艾许莉推到台面上，逼迫艾许莉用枪射杀珊卓拉。但是，崔西的目的还没有完全达成。在崔西的计划里，艾许莉将成为他替罪的羔羊，崔西相信艾许莉不会出卖他，因为他在艾许莉的心目中塑造了一个完美形象，但事与愿违，警方提供的证据更有说服力。

等到崔西的形象完全坍塌之后，艾许莉自然也就不会再为他遮掩，崔西的罪行才被公之于众。对崔西而言，艾许莉只是一个被爱情冲昏头脑、年轻又愿意被他驱使的笨蛋，而艾许莉对崔西的爱正是崔西驱使艾许莉的原动力，也是推动艾许莉下定决心动手枪杀珊卓拉的动力。当然，这段扭曲的爱恋自然不会有好的结果，正义终将降临，崔西也必须为他的行为赎罪。

犯罪心理揭秘

幻想破灭之后的疯狂

——马萨诸塞州双重枪杀案

马萨诸塞州下辖小镇霍普金顿是一个典型的美国式城镇，一直以来，定居在这里的居民过着安宁祥和的生活，他们大都相互熟识，镇内很少发生恶性案件，当地警方也几乎未处理过凶杀案。对当地的媒体而言，报道城镇居民间的日常琐事是他们的主要工作，但这一切都在 2006 年 1 月改变了。当地发生了一起枪击惨案，因为受害人是母女二人，所以这起枪杀案又被称为“霍普金顿双重凶杀案”。

2006 年 1 月 23 日，地方检察官玛莎 · 寇克丽就前一天下午 6 时 30 分左右发生在霍普金顿卡波路上的命案召开新闻发布会。在新闻发布会中，警方宣称这是 11 年来地方上首例凶杀案，虽然当地警方欠缺侦办该类命案的经验，但还是会尽全力破案。如果案件不能尽快侦破，找不到这对母女遇害的原因，警方还准备邀请 FBI 介入调查工作，尽全力在上级规定的破案期限内将这起案件侦破。

受害人是一对母女，母亲名叫瑞秋 · 恩特斯维尔，27 岁，女儿名叫莉莲 · 恩特斯维尔，遇害时只有 9 个月大。这对母女的尸体就躺在二楼卧室中的床铺上，尸体上面还盖着棉被。因为案发现场内并没有暴力入侵的痕迹，受害人身体上也没有明显的伤口，案发现场没有血迹，没有翻动打斗痕迹，再加上受害人的面容安详，所以在凶案发生之初，警方误认为这起枪杀案是一起因一氧化碳中毒所致的事故。

但是，法医给出的验尸报告揭露了事实真相。鉴于验尸结果，警方有理由相信，受害人是被小口径枪支射杀致死的。结合受害人中弹的部位，验尸官认为，击中这对受害母女的应该是同一颗子弹。只有一颗子弹，却有两名受害人，这让负责调查枪杀案的警探很是不解。

在彻底解开疑惑之前，警方决定先找到受害人的丈夫尼尔·恩特斯维尔。根据警方所掌握的资料，受害人遇害时，尼尔应该正在外地旅游，所以警方必须花费一番工夫才能找到他。事实上，此时的尼尔已经远在几千英里外的伦敦了，那么他是否知道这起枪杀命案呢，或者说他是否清楚妻女遇害的原因呢？最关键的是，尼尔到底是真的外出旅游还是借着旅游的名义潜逃呢？警方十分想要得到这些问题的答案。

在警方所掌握的资料中，尼尔出生于英国约克郡。1999 年，电子学高才生尼尔在美国求学，经朋友介绍，邂逅了正在当地实习的波士顿女孩瑞秋，她是一名主修英美文学的大学生。两个人在纽约大学赛艇俱乐部里见了面，两个人一起比赛、约会。会面后，两人迅速坠入爱河，并在他人惊诧的眼光中订了婚。

在后续的调查工作中，警方还在网上找到了尼尔·恩特斯维尔的个人主页。通过浏览该主页上面的内容，警方发现，在尼尔的印象里，那段与瑞秋初识的日子是十分美好的。结婚前后，尼尔这样写道："在这个夏天赢得了最迷人的美女——瑞秋。"警方也曾走访瑞秋的朋友，朋友们都说瑞秋是一个非常有活力的女孩，不论做任何事，你都能从她的身上感觉到激情、兴奋与认真，对生活充满热情的她自然有着无与伦比的魅力。

相对于瑞秋，尼尔则是性格腼腆内向、容易害羞的“大男孩”，他在很多场合都放不开，所以在与瑞秋的交往中，他总是处于被动接受的位置。但尼尔同样很享受这种被人关爱的感觉，他也从来都没有想到竟然会有女孩像瑞秋这样喜爱自己。结婚后，尼尔和瑞秋在英国安家，瑞秋还在当地高中找了一份负责教授英语和戏剧的工作。

尼尔则凭借着自己获得的荣誉学位在一家国防承包商公司供职，但他的工作内容需要对外保密。警方了解到，尼尔曾在一个网站拿自己的工作开玩笑，他戏称自己是以制造炸弹之类的东西为生，他说：我可以告诉你更多，但我必须杀掉你。经过几番调查核实，警方发现，尽管尼尔的工作要求保密，但他似乎十分享受他在网上的私人生活，他在自己建的一个网站上上传了他和妻子去地中海度蜜月的照片。

2005 年 4 月，宝宝莉莲出生了，很快，小宝贝的照片也被传到了该网站的网络影集中。以目前的情况和资料来看，瑞秋和尼尔的生活是幸福且快乐的，这一点毋庸置疑。但是，在不到 9 个月的时间内，这个幸福家庭中的两名成员就要直面死亡，这是什么原因所致？尼尔在这场灾祸中扮演了怎样的角色？这场枪杀命案是否与他有直接关联？如果有，他为何要杀死自己的妻女？到底是什么样的杀人动机迫使他做出如此丧心病狂的丑恶行径？警方深知其中必有隐情，他们需要继续深入调查。

在莉莲出生的那一年夏天，这家人做了一个改变他们一生的决定。尼尔和瑞秋决定移居美国生活，这样瑞秋就能离自己的家人更近一些，瑞秋的父母也可以帮忙照看小莉莲。起初，尼尔夫妇跟瑞秋的父母住在波士顿往南50英里外的卡佛小镇上。他们有一栋很宽敞的大房子，瑞秋夫妇在这栋房子里度过了炎热的夏季。

到达美国后，尼尔·恩特斯维尔似乎并不急于找工作。在岳父、岳母面前，尼尔表现得好像十分富裕，从不缺钱花一样。在这种主观印象的误导下，瑞秋的父母自然不会主动过问工作的事情，而尼尔则有了大把时间去享受生活，了解周围的新环境，比如去距离这座小镇不远的度假胜地——科德角。

案发后，警方找到受害人的父母，从他们那里又了解到一些细节。原来，来到美国后，尼尔设法欺骗家人，让家人误认为他之前供职的公司依旧在雇用他，并且每隔一个月，这家公司就会将1万美元打到他的海外账户上。因为在生活购物的时候，尼尔总是抢着付款，所以一家人都没有察觉异常。

最后，尼尔还在岳父乔·马特拉奇的担保下进入当地的枪械俱乐部，在这里，尼尔学会了如何使用枪械。据乔·马特拉奇回忆，尼尔最喜欢他收藏的一支0.22口径的左轮手枪。2006年新年过后，尼尔和瑞秋搬到位于霍普金顿卡波路6号的新家中生活。

在当地，卡波路附近是当之无愧的富裕区，这里的房屋都是独栋别墅，所以这里的房价也要远高于其他地方。就拿受害人瑞秋家来讲，卡波路6号的房价大约为86万美元，住在这里，尼尔夫妇每月都需要支付接近3000美元的租金。1月12日搬进新家之后，这个看似无比幸福的新家庭即将破灭。

在瑞秋和莉莲住进这栋豪宅后的第八天，死亡就降临了。案发前一天晚上，瑞秋的好友乔安娜·加特利按约定来到受害人家里赴宴。

但她发现，这栋房屋内明明亮着灯，却始终没有人给她开门。因为担心瑞秋的安全，乔安娜拨打了报警电话。警方赶到后，立即进屋查看情况。在房间的二楼卧室内，警方发现床上凌乱地堆着一些衣物和被褥。因为当时警方只是想要确认一下受害人是否在家中遇到了危险，所以并没有仔细查看被褥下面的情况，在大致检查过房屋后，警察就离开了。

在警方的认知里，这家人可能一起外出了。警方离开后，乔安娜就独自待在瑞秋家门前的停车道上，出于对朋友的关心，她决定在这里等瑞秋回家。当时还是1月，当地的气温十分低，乔安娜在自己的车内待了一晚上。一直到第二天，瑞秋一家依旧没有归来，到了这一刻，所有人才开始担忧起来。

当时，所有人都以为瑞秋一家集体外出了。因为当时的天气比较恶劣，路面上有冰冻和残存的积雪，所以在接到瑞秋家人报备的失踪案后，警方开始调派警力四处搜寻，希望能够在某个失事车辆中找到瑞秋一家。当天上午10点钟左右，两名警员再次来到瑞秋家进行检查，这一次警方发现了异常。在挪开那一堆床单被褥之后，警员们看到了瑞秋和莉莲，她们手挽着手躺在床铺上，已经没有了生命体征。

就在警方调查尼尔履历的时候，新的验尸报告出来了，在先前的验尸报告中提到，子弹是先穿过莉莲的身体，然后射入瑞秋左胸的。现在，验尸官在使用X光检查受害人尸体的时候，发现瑞秋的头部也中了一枚子弹。因为手枪的口径很小，所以这个弹孔被隐藏在发间，初步尸检并没有找到这个弹孔。

现在，新的验尸报告可以更好地证明，受害人是死于他杀而非自杀。

案发第二天，警方与波士顿洛根国际机场取得联系，找到了尼尔的行踪，原来，早在两天之前，周六早晨8点15分，尼尔·恩特斯维尔登上了飞往英国的单程飞机。抵达希思罗机场后，尼尔租了一辆车，前往位于诺丁汉郡沃克索普的父母家。尼尔的父亲是当地议员，母亲是一所学校的用餐监管员。在当地，两个人都稍有影响力，所以他们很快就发现了尼尔被警方通缉的事实。

有关这起枪杀案的信息传到英国后，英国国内的各大媒体争相报道，很多记者甚至将摄像机架到尼尔家门外，希望能够拍到尼尔返家的画面。但记者们并不知道，尼尔早已到家。第二天中午，马萨诸塞州警方拨通了尼尔家的电话，因为时差关系，英国此时已经是晚上6点10分了。

接电话的就是尼尔，他毫不避讳自己的身份，在通话中，尼尔直言不讳地表示自己已经知道妻女惨死的消息，但至今他都没有流过一滴眼泪。警员立刻问尼尔为何不感到悲痛，尼尔顿了一会儿说道：“我也不知道我在想什么，真的，到现在，我都不清楚发生了什么，这一切都不像是真的。”

记者通过其他渠道得知尼尔就在家中之后，立刻将这栋房屋围得水泄不通，一直到17天之后，尼尔才公开露面，但他并没有回美国。此时，瑞秋和莉莲的葬礼已经结束，她们被合葬，但尼尔并没有出席葬礼。尼尔不参加妻女葬礼的行为意味着他将不再返回美国，所以警方决定采取行动。

葬礼结束5天后，尼尔从父母家中离开，因为担心尼尔再次潜逃，所以英国警方决定秘密监视尼尔。只是，当时英国警方没有收到美方的引渡请求，一直到 2 月 8 日，当英国警方正式收到引渡请求之后，决定采取行动。逮捕行动开始后，英国警方立即赶往尼尔现在的落脚处，但尼尔早就听到风声，等警方赶到的时候，尼尔已经在雷德布洛克小树林车站坐上了火车。

这趟车将在途中停靠两次，英国警方并不清楚尼尔会在哪里下车，最后，英国警方及时登上这辆列车，在列车停靠之前找到了尼尔。被逮捕时，尼尔表现得很平静，他不仅没有反抗，还同意警方搜身。英国警方在尼尔身上找到了一份写给他父母的信，在信上，尼尔这样写道：“我无法忍受人们的指责，就好像我做了某些糟糕的事情一样，别担心，你们可以告诉那些人，我去投奔朋友了。”

随后，尼尔被引渡回美国。他将面临两项谋杀指控，但他始终坚称自己是无辜的。一直到 2008 年 7 月，庭审才正式开始，审判开始后，尼尔拒绝做证或者申请证人做证。在美国法律中，尼尔完全有权保持沉默。后来，尼尔的辩护律师还将罪行推到一个最不可能成为嫌疑人的人身上，这个人就是尼尔的妻子——瑞秋。

在法庭审理的过程中，检方提供了一份电话录音，这份电话录音正是案发 3 天后，当地警方打给尼尔 · 恩特斯维尔的那通。在这份通话录音中，尼尔曾提到自己目睹了案发现场的情况。尼尔说当时是周五早晨，他在 7 点钟起床，瑞秋和莉莲还在熟睡。起床后，尼尔开车去了当地商场，他想买一些计算机配件，但没有找到他想要的。回家后，尼尔发现家里很安静，只能听到轻缓的古典乐曲在屋内回荡，尼尔知道，这是瑞秋哄莉莲睡觉的摇篮曲。

尼尔走进卧室，他发现瑞秋和莉莲已经死了。尼尔声称他在莉莲的胸口上看到了一个弹孔，这个孔洞周围还有衣物烧焦的痕迹，但他并没有在瑞秋身上看到任何伤痕。他推测瑞秋也可能遭遇了相同的事情，在确认妻女已经没有生机之后，尼尔将原本就盖在妻女身上的被褥盖了回去，然后驱车去了 50 英里外的卡佛镇。尼尔说他想要去岳父家，准备用岳父的那把手枪自杀，但等他赶到的时候，岳父并不在家，房屋也上着锁，于是他就放弃了自杀的念头。

尼尔放弃自杀后，重新回到波士顿，然后就搭乘飞机回了英国。以上都是尼尔在电话中讲给警方的案发经过，警方显然不愿意相信这种匪夷所思的故事，他们觉得，尼尔的所作所为实是非常不恰当，也不具备逻辑的。试想一下，作为瑞秋的丈夫和莉莲的父亲，当他发现妻女中弹之后非但没有向外界求援，反而是准备去岳父家自杀，这种行为完全说不通。

另外，在这份通话记录中，警方注意到尼尔提到了岳父收藏的那把 0.22 口径的左轮手枪，警方认为，这把枪很有可能就是作案凶器。挂断电话后，警方立即从受害人父亲那里拿到了这把手枪。通过弹道检测，警方确认杀死莉莲和瑞秋的子弹就是从这把 0.22 口径左轮手枪中射出来的。现在，警方有理由相信，尼尔是用这把枪杀死瑞秋和莉莲的。

在法庭开审之前，尼尔也曾尝试着解释，但他的解释大都前后矛盾。法庭开审之后，尼尔的辩护律师公然将矛头指向瑞秋，并宣称：有确凿的铁证可以证明凶手就是瑞秋本人。在编造了第一个故事之后，陪审团又将听到第二个谋杀故事。在这个新版本中，尼尔·恩特斯维尔在周五清晨回家后，发现那把 0.22 口径左轮手枪就放在瑞秋身边。

尼尔认为，是瑞秋自己用这把枪杀死莉莲然后自杀。为了保全瑞秋的名誉，他才毅然回卡佛镇岳父家，将这把枪放回了枪盒。

为了让法官和陪审团相信尼尔的这种说法，辩护律师还以自杀是一个大禁忌，人们都不愿谈及，和这起自杀案牵扯到婴儿被母亲枪杀等种种借口来为尼尔粉饰。辩方律师的言论让陪审团的态度变得微妙起来，但检方还掌握着更关键、更科学的证据。检方表示，辩方律师简直是在凭空捏造事实，从科学的角度来讲，瑞秋根本不可能用这把枪自杀。

枪械专家当庭举证，因为其中一颗子弹同时击中瑞秋和莉莲，所以莉莲是在瑞秋的怀抱中被子弹击中，但是如果瑞秋抱着孩子并对她开枪，那她还要倒转这种长筒手枪的枪口才能将手枪对准莉莲。更具有难度的是，在子弹击穿莉莲又击中她自己之后，瑞秋还要将手臂高高举起，才能将枪口对准头顶，然后开枪射死自己。

但是，科学实验证明，以上过程都不可能发生。因为这种手枪枪管的长度决定了开枪者无法通过以上的姿势将枪口掉转到那样的角度进行射击。如果说在开第一枪的时候，开枪者还可以掉转枪口，四指反握手枪，然后用大拇指扣动扳机朝着自己开枪的话，那么此后开枪者则完全无法将这种长筒手枪举过头顶，然后掉转枪口朝下，冲着自己的头部开枪。

尽管检方以科学方法证实这种开枪的可能几乎是不存在的，但辩方律师依旧坚持己方观点，并开始大肆驳斥检方证据。因为检方首次发现受害人尸首的时候并没有发现受害人头部中枪，所以辩方指责检方伪造罪证。不管检方是否伪造证据，遗漏证据是确凿无疑的。作为专业的执法者，警方怎么能犯这样的错误呢？弹孔到底是有多么不显眼，才会让这些专业人员遗漏掉？

为此，检方不得不进一步举证。原来，0.22 口径左轮手枪是正常枪械中口径极小的手枪，由这种枪射出去的子弹直径小于四分之一英寸，通常情况下，这种枪被用来捕杀小型动物，或用于瞄准训练。射中人体后，0.22 口径的子弹造成的冲击力比较低，所以子弹击中头部后不会留下明显的伤痕，在头发的遮掩下，这种子弹造成的弹孔是很难被发现的。

检方再次举证之后，辩方律师又开始强调瑞秋自杀的可能动机。辩方律师声称：在搬到新家，开始新生活之后，瑞秋是否服用过某些药物？生产是否给她带来了不好的影响？她是否有抑郁的表现？在辩方律师看来，这些都可能是导致瑞秋自杀并杀死女儿的原因。在检方看来，尼尔显然也是具备杀人动机的。

检方调查得知，在 2003 年到 2006 年间，尼尔曾在一些网站上注册。为了从网上获利，尼尔还建了一些黄色网站，在宣传自己方案的广告中，尼尔写下这样一句话："我可以教你如何利用黄色世界赚上百万美元。"但尼尔并没有靠这个方案赚到钱，于是他又开始转向易趣网，在这里，尼尔试图售卖软件和服务，但他又不守信用，经常不给买家发货，于是这个方案也以失败告终。

此外，尼尔其实根本就没有 1 万美金的月薪，他一直在靠信用卡生活。警方核查过尼尔信用卡的欠款数额，发现他早已负债累累。警方还检查了尼尔的电脑硬盘，在这块电脑硬盘里，警方发现了尼尔隐藏的秘密。原来，尼尔根本不爱瑞秋，在瑞秋怀孕期间，尼尔假借外出旅行多次召妓，有时甚至会寻找伴游妓女。因为认识的妓女太多，尼尔还给这些妓女编了代号，以便随时联系。

在接受审判期间，尼尔几乎没有流露过任何情绪，他始终面无表情地坐在被告席上，一直到当庭播放案发现场内录像时，尼尔才有了情绪波动。当录像播放到两具已经死亡了3天的尸体时，播放器内传出现场录下的古典音乐，尼尔突然表现得十分悲痛，他用手遮着扭曲的脸庞，悄然低下了头，但旋即，尼尔又咧开了嘴，他捂着嘴无声大笑。

在审判即将结束之前，警方又提交了一份证据。原来，案发当天清晨，尼尔根本没有去商场，而是驱车去拿杀人用的枪。在这份证据的证明下，陪审团的意见终于达成一致。经过11个小时的审议，陪审团重新回到审判席做出以下宣判：陪审团一致认定，尼尔谋杀瑞秋的罪名成立，谋杀莉莲的罪名成立。审判结束后，尼尔继续抗议，他的父母也发誓将诉诸一切法律途径，推翻法庭的判决。

2012年，案件重审，尼尔的辩护律师强调警方最初对卧室的搜查违反了正常的搜查程序，并驳斥在整个审判过程中，检方一直没有建立可行性的谋杀作案动机。检方对此做出回应，原来，在谋杀案发生前几个月，尼尔·恩特斯维尔建立了一个网站，他在这个网站上秀他的新家。当时，尼尔的信用卡早已透支，而尼尔却始终没有尝试着找一份工作。

在FBI看来，尼尔的这种行为意味着他根本就不想肩负对家庭的责任，而瑞秋和莉莲只是他用以炫耀的资本。尼尔有典型的自恋型人格障碍，他一直活在自己编造的完美又富裕的虚假梦境中，直到现实击碎了他的幻想。也许，尼尔想要自杀，但在杀死了瑞秋和莉莲后，他又丧失了自杀的勇气。

此后，尼尔只能否认罪行，逃避刑罚。但不论如何，杀死妻女这种事只有那些对别人毫无感情、内心极度冷酷变态的人才做得出，显然，尼尔就是这种人。最终，法庭决定维持原判，尼尔·恩特斯维尔被判两个终身监禁，且不得保释。

犯罪心理解析：自恋型人格障碍

这是一宗双重枪杀案，受害人和行凶者之间原本有着世间最亲密的关系，但凶手还是罔顾一切，亲自动手杀死了自己的妻子和女儿。显而易见，凶手是一个丧失人性的、内心冷酷又扭曲的人。凶案发生后，凶手立即潜逃，因为国籍的关系，凶手的潜逃过程十分顺利。案发后，警方一边取证，一边设法联系他。

因为当时尚且没有证据证明尼尔就是杀人凶手，所以当地警方并不能签发逮捕令。只是潜逃和不配合警方调查的行为会进一步加深警方对尼尔的怀疑。最终尼尔还是被遣送回美国接受调查。在法庭进行审判之前，警方从多个方面搜集到大量证据，结合这些证据，大致能够找到尼尔杀人的真实动机。

犯罪心理专家指出，从表面上看，尼尔和瑞秋是一对令人艳羡的模范夫妻，但事实上，尼尔并不爱瑞秋，或者说在这场爱情里，尼尔只是被动接受瑞秋对他的爱。因为很爱尼尔，所以瑞秋愿意相信他，而尼尔却利用了瑞秋的信任。对任何一个男人来讲，如果他爱对方，就不会做出在妻子怀孕期间召妓的丑行，从他的这一行为中就足以看清尼尔对这场婚姻的态度。

另外，尼尔一直活在由他创建的网络世界中，他也一直希望自己能够凭借专业知识从网络中收获财富，但他始终不能得偿所愿。尼尔一直不愿意正视这个问题，他继续过着奢靡的生活，直到现实击碎他的幻想。对于一个患有自我陶醉型人格障碍的人而言，是无法忍受这一结果的，在发现自己无法解决现实问题，现实与幻想之间存在巨大差距的情况下，尼尔的心理防线彻底崩塌，在这个时候他产生了想要终结一切的念头。

很明显，在尼尔的心目中，瑞秋和莉莲并没有地位，她们不过是他用来向他人炫耀的资本，是他的附属品。当这一切即将幻灭的时候，尼尔自然认为自己有权利决定这对母女的命运。因此，当尼尔决定结果自己的时候，他就会先杀掉瑞秋和莉莲，而这就是他杀人的根本动机。当然，除此之外，尼尔杀妻女还与他生性冷血、从不为他人着想有关。

只可惜，常人是很难拥有自杀的勇气的。等尼尔杀死莉莲和瑞秋之后，他胆怯了。但杀人的事实已经不能改变，尼尔只能将凶枪藏回原处，然后潜逃回国。但法网恢恢疏而不漏，尼尔的犯罪行为无可抵赖，他最终还是要为自己赎罪。

犯罪心理揭秘

模仿“雌雄大盗”

——变态情侣杀手

2002 年 1 月 6 日，在曼彻斯特市斯托克港发生了一起蓄意杀人案。据报案者回忆，案发当天，斯托克港斯顿路的一间公寓里传出一股浓烈的煤气味。这间事发公寓是长租给一位记者居住的，周围住户都很担心他的安全，于是，房东彼得 · 哈里森与其他热心住户一同前去查看。来到事发公寓门外，彼得先重重地敲了几下门，在确认没有人回应的情况下，彼得取出钥匙开门。

当房门被打开的那一刻，展现在众人眼前的竟然是一幅如同地狱般令人心生恐惧的场景。房客皮特 · 英格兰的尸体就躺在客厅中央的沙发上，尸体周围散落着大片大片的血迹，一股混在煤气中的尸臭味让众人望而却步。房东彼得意识到凶案已经发生，皮特显然已经没有生命特征，他急忙关掉煤气开关，拨通了报警电话。

警方接到报警电话后立即调派警力赶到事发地点查看情况，最先赶到的警员注意到皮特的手中握着一把沾血的匕首，而他的咽喉上还有一道长长的伤口。结合案发现场的情况，这似乎是一起自杀事件，但皮特 · 英格兰并非自杀，因为他的身体上还有很多刺伤伤痕。经过法医核验，皮特身上一共有 34 处刺伤，这些刺伤和一些其他类型的伤痕预示着皮特是被虐杀的。

除了脖子上的伤痕，受害人身上最明显的一处伤痕在右眼睛上方，那儿有一处非常明显的凹陷。受害人的尸体已经开始出现分解现象，结合当时的气温条件，法医断定受害人的死亡时间应该在一周前，可能是元旦当天，也可能是元旦过后的第二天。法医仔细检查了这些伤痕，他们发现这些伤痕都不够“老练”，伤痕出现的部位也不能尽快使受害人死亡。

这种不老练的伤痕一般只会出现在自杀类案件中，因为自杀者并不清楚自杀是一件多么不容易做到的事情，当他们真的自杀的时候，心理挣扎和肉体的疼痛会使他们在同一个创口处留下多个或长或短，或深或浅的伤痕。

但是，不论如何，自杀者都不可能在自己的身体上连续刺三十余刀，所以这是一起他杀案。在受害人脖颈右侧有一道割伤，这道伤痕周围还有几道较短的割伤，这几道伤痕都只是划破了受害人的表层皮肤，并没有伤到受害人的里层肌腱。看起来，凶手似乎是在做某种“实验”，好像要通过割伤受害人来了解刀割效果一样。总而言之，这种伤痕的出现意味着凶手很可能是在拿受害人的尸体做实验，也有可能是在某种因素的影响下用这种手段折磨受害人。

此外，警方还在受害人身侧的茶几上发现了一些带血的纸巾。经过检验，这些纸巾上沾的是受害人的血。这也就预示着，凶手在皮特还活着的时候，曾动手将皮特伤口周围的血擦掉。另外，地板上有许多拖拽型血迹，这又意味着，凶手曾在客厅中拖拽皮特，拖拽的时间也可能在受害人尚未死亡时。

受害人的房屋内有明显的翻动痕迹，受害人的钱包、贵重财物及信用卡统统遗失，结合受害人被拖拽的情况来看，凶手应该是在控制了受害人之后，以拖行、刺伤、威胁的手段迫使受害人讲出了所有财物的存放点。法医认为：凶手折磨受害人的过程应该分为两个阶段，第一阶段是控制住受害人之后，凶手在受害人的身体上做刺伤实验；第二阶段在逼迫受害人讲出所有财物的存放点之后，凶手连续刺击受害人的身体将其杀害。

警方还发现，受害人衣服上的刺孔和受害人尸体上的刺伤位置有些不一致。对此，警方有两种猜测，第一，凶手行凶的时候，因拖拽或拉扯行为，受害人身体上的衣物变形。第二，凶手行凶的时候，受害人可能没穿衣服，或者在受害人遭受折磨的第一个阶段里，他的身体上是没有穿衣服的，这些衣物是在他遭受第二个阶段的伤害时候才被穿到身上，或者是在受害人遇害后，凶手才给他穿上衣物，然后胡乱在受害人的尸体上刺上几刀。

在调查这起凶杀案的时候，警方还在卫生间内找到一本微型地址簿和一个化妆盒。经过调查分析，警方不认为遇害时已经 52 岁的受害人会用这种年轻人才会有的化妆盒，受害人也没有女友，那么留下这个化妆盒的人很可能就是作案嫌凶了。在微型地址簿上，警方找到了七八个名字，根据名单上的信息，警方锁定了两名嫌犯，22 岁的李 · 惠特利和他 17 岁的女友黛比 · 泰勒。

杀死受害人皮特的时候，这对情侣刚刚认识还不到一个月的时间。由于行凶者手段残忍，且在行凶之前一直没有表现出明显的反社会特征，所以警方决定派犯罪心理专家介入此案的调查工作，帮助警方找到凶手的作案动机，并尝试着厘清凶手作案时与作案前后的心理演变过程。

通过调查，警方发现这对情侣在2001年12月初的时候结识，在极短的时间内，两个人的感情急剧升温，很快就成了形影不离的热恋情侣。但是，在此后的短短三周之内，两个人就策划实施了多次持械抢劫案。在第四周，这对情侣就设计袭击并杀害了皮特·英格兰。在逃跑之前，这对情侣还试图使用煤气炸掉皮特租住的公寓，期望能够销毁罪证，延误警方的调查工作。

只可惜，这对情侣并不具备成为专业杀手的特质，他们所犯下的罪案漏洞百出，警方很快就锁定了他们的身份。通过受害人的信用卡消费记录，警方找到了他们的行踪。就在案发的2002年1月，警方成功逮捕了正在葛特纳格林准备婚礼的李·惠特利和黛比·泰勒。不过事情并没有到此终结，警方还需要设法弄清楚整件事情的详细过程，在实验室拿出确凿罪证之前，尽全力从作案嫌凶口中套取案发经过。

与此同时，犯罪心理专家也凭借着手中掌握的资料试图了解这对搭档杀手的心路历程，并期望能够从他们的生活经历中找到使二人快速堕落到实施暴力犯罪的根本原因。相对于李·惠特利而言，犯罪心理专家对黛比·泰勒更感兴趣。一个年仅17岁，正值花样年华的年轻女孩为何会变得如此疯狂残暴？她真的只是受到了一个男性年长者的误导吗？或者说她本身就存在某种问题？

想要回答这个问题，犯罪心理专家就必须了解黛比·泰勒的生活经历，弄清楚她在日程生活中到底是哪种状态。为了能够得到最接近真相的结果，犯罪心理专家亲自访问了黛比曾经的好友卡特里·娜墨菲。卡特里是黛比的闺中密友，两个人在幼年相识，经常一同玩耍，在交往的最初阶段，她们一直有共同话题。

据卡特里回忆，黛比的母亲是一个身材高挑、魅力超群的人，她对黛比很好，经常会给黛比零花钱。卡特里的父母也会给卡特里一些零用钱，她和黛比就用这笔钱购买零食和饮料，有些时候两个人也会偷偷喝酒，黛比经常说她喜欢这种喝醉时的感觉。在美国，虽然明令禁止未成年人喝酒，但很难完全杜绝这种情况的发生。总而言之，在卡特里的记忆中，黛比的童年生活并没有任何异样。

但是，后来黛比被她结交的男友攻击，这个疯狂的男人用刀子划破了她的手臂，从那之后，黛比总会在自己的长袜中藏上一柄餐刀。虽然卡特里注意到了黛比的这种异常行为，但她并不认为黛比这样做是错的，因为在她看来，黛比的行为更像是在给自己找安全感。

在学校中，黛比是一个聪明又乖巧的好学生，她很听老师和家长的话，然后尽力让自己成为长辈眼中期待的那种样子。黛比经常会痴迷一些事物，所以她在同龄人眼中会显得有些古怪，不过并没有人明目张胆地排斥黛比，从整体而言，黛比的童年生活是正常的。从卡特里的话语中，犯罪心理专家找到了两个关键点：第一，携带刀具；第二，迷恋酒精。很显然这是一个很不好的兆头，但这还不足以使黛比变成变态杀手。

那么李·惠特利会是导致两人变成“雌雄大盗”的真正原因吗？犯罪心理专家从侦探杰克·迪士手中拿到了李·惠特利的资料。惠特利是一个有犯罪前科的人，他犯过抢劫罪，热衷于寻衅滋事、喝酒斗殴。不久前，惠特利还在一辆双层公交车上抢了一顶帽子。因为帽子的价值不是很高，所以惠特利很快又被释放了。

现在，在犯罪心理专家心目中，两名嫌犯有了基本的“形象”，惠特利是一个不安分的小混混，而黛比只能算是一个任性偏激的少女。虽然惠特利有犯罪前科，但在犯罪心理专家眼中，反而是黛比更有可能做出极端行为。

犯罪心理专家发现，过了15岁生日之后，黛比的行为就有些失控，她会在一些废弃的楼房周围游荡，还会和一些无家可归的人待在一起。案发后，警方曾经到废弃楼房那里查看过，他们在楼房内部的墙壁上发现了许多带有暴力性质的词句。其中有一句是这样的：“如果我成了一个杀人如麻的恶魔，你们将会记住我。”除这句话外，墙壁上还有很多带有猥亵性质的词句，在这些词句旁边，还画着一个巨大的万字符号，这是纳粹党的符号。

墙壁上的内容充满了反社会性质，如果黛比不能及时接受心理咨询，她一定会走上犯罪道路。2001年12月，在食堂上班的黛比遇上了到社区内参加拆迁施工的惠特利。两人相遇之后到底遭遇了什么，使这对恋人在极短的时间内变成了杀人犯？这其中又隐藏着怎样的主从关系？

仅仅见了几面，黛比和惠特利就确定了恋爱关系。确定恋爱关系之后，两人就放弃了原本正常的工作和生活，他们开始在城市中四处游荡，在斯托克港市郊的榛树林里喝酒。因为没有收入来源，两个酒鬼自然也没钱付酒费。因此，两个人开始在酒吧抢劫，一开始他们只抢酒水，但随着作案次数的增多，两个人开始持械抢劫商店。

在其中的一次抢劫中，这对情侣还冲着被抢者大叫，说他们就是“邦尼和克莱德”（雌雄大盗）。在20世纪30年代，雌雄大盗诱发了一连串声势浩大的抢劫行为，虽然这对大盗被 FBI 抓获，但他们的行为成了很多年轻人争相效仿的“典范”，只是这些模仿者不再像大盗当年那样疯狂。

2001 年 12 月 20 日，这对情侣抢劫犯头戴棒球帽、手持割肉刀再次抢劫了一家酒吧，但这次抢劫行为并没有成功，身强体壮的店主并没有被吓倒，他制服了惠特利，但黛比趁乱逃走了。事后，惠特利被警方带走，但警方觉得惠特利用割肉刀实施抢劫的行为只不过是醉酒后的一种不恰当行为，所以他很快就被保释。

2001 年 12 月 30 日，上午 10 点左右，惠特利和黛比再次出手，这对情侣在斯托克港的一家小型超市内偷了几瓶酒水，因为黛比原来经常在这家店购买酒水，所以店主在追到赃物的情况下并没有选择报警。

犯罪心理专家认为：盗窃和抢劫行为只是这对情侣表现出来的外在特征，其中必定还有某种行为催化了整个事态。经过仔细调查，警方从黛比和惠特利的朋友那里找到了推动这对情侣杀手频繁作案的内因。原来，两人自 12 月初确定情侣关系之后，就开始表露出极其疯狂的一面。

因为失去了收入来源，黛比和惠特利开始借宿在朋友家，但是，即便是借宿在朋友家，这对情侣依旧经常性酗酒，每当喝醉酒之后，他们就会相互殴斗，这是一种无节制的殴打行为，如果友人没能及时制止，这种行为还会发展成用餐刀刺伤对方的身体。所有认识这对情侣的人都受够了他们的这种危险举动，大家都不愿意继续接纳他们。在元旦来临之前，黛比和惠特利再一次无家可归了。

就在元旦前夜，这对杀手情侣结识了54岁的皮特·英格兰。皮特是一位退休记者，他喜欢喝酒交友，是酒吧里的常客，他也很喜欢结交陌生的朋友。当晚，皮特和这对年轻情侣一起喝酒，但他带的钱不多，于是皮特就将这对情侣带回家，准备在家中开一个小型饮酒派对。

当晚，三个人喝得酩酊大醉，在这对杀手情侣的眼中，已经醉酒的皮特是不具备反抗能力的最佳“猎物”，他们决定进行一次犯罪尝试，就这样惨剧不可避免地发生了。在杀死皮特之后，这对情侣并没有急着离开房间，他们继续在房间内喝酒，在喝酒的同时，两个人又开始用刀子割受害人的尸体。

等到酒水被喝光后，这对情侣才离开房间，但他们并没有走远。在皮特家不远处有一家酒吧，案发当晚，这家酒吧正在举办新年狂欢派对。黛比和惠特利来到这间酒吧，他们用皮特的钱购买酒水，然后在舞厅中尽情跳舞。酒吧中的温度很高，人们穿得都很单薄，但这对情侣不同，他们始终裹着厚厚的外套不愿脱下。尽管这对情侣的举动很奇怪，但酒吧内的顾客并没有过多关注他们。酒客们并不知道，这对情侣之所以不愿脱下身上的外套，是因为他们需要借用外套来掩盖衣服下面的血迹。

午夜过后，酒吧里的人慢慢散了，这对杀手情侣也随着人流离开。但他们并没有开始逃亡，他们又一次回到皮特居住的公寓，在这栋公寓内住了几天，一直到新的计划制订好，才决定离开这里。在离开之前，这对杀手情侣开始销毁罪证，他们打开煤气开关，然后将厨房内的储物柜点燃。

在这对情侣看来，等他们离开后，厨房内燃起的火焰就会引爆充满公寓的煤气，剧烈的爆炸会销毁大部分证据，等到警方找到某些线索的时候，他们早已逃得无影无踪了。但是，这对杀手情侣没有想到的是，皮特家的厨房相对封闭，储物柜上的火焰并没有燃烧多久就自动熄灭了。大火没有燃起，爆炸自然也不可能发生。最终，警方赶到未遭破坏的案发现场，并在现场中采集到关键罪证。

开始逃亡后，这对杀手情侣用皮特的信用卡预订了一家位于曼彻斯特中心位置的公寓酒店。2002 年 1 月 5 日，这对情侣入住该酒店。当天晚上，黛比还拨通朋友家的电话，向他们打听发生在斯托克港的事件。此时，警方还没有发现受害人的尸体，这让黛比产生了一种极大的自信，在她看来，她们的所作所为甚至已经超越了“雌雄大盗”。这对情侣杀手准备前往葛特纳格林结婚。

2002 年 1 月 16 日，警方在葛特纳格林酒店大厅内将这对搭档杀手逮捕归案。被捕后，这对情侣表现得很冷静，面对警方的审问，这对情侣也不做回复。但随着审问时间的延长，这对情侣开始编故事。等到 2002 年 10 月，进入法庭审理阶段的时候，他们已经开始互相指控。在强有力的 DNA 证据面前，法庭认为两人都有罪，应该承担同样的责任。二人都被判终身监禁。

犯罪心理解析：模仿犯

这是一起非常血腥的暴力凶杀案，看完整个故事的脉络，不难将这起凶杀案和暴力电影剧本联系在一起。事实上，凶手也确实幻想自己会成为电影剧本中的主角，只不过他们参照的对象是美国历史上真实存在过的“雌雄大盗”。

其实，这对犯罪搭档本身就存在问题。在没有相遇之前，两个人都能够暂时控制住自己内心的那些负面因素，所以他们在日常生活中表现出来的行为也基本正常，虽然可能会出现一些问题，但这些问题导致的后果都不严重。所以，他们的这些异常行为没有引起亲友的关注。

事实上，黛比在青少年时期就表现出了内心的阴暗面，她喜欢随身携带刀具，并且迷恋酒精。黛比的这些行为预示着她的内心中可能已经出现了暴力幻想，而酒精会成为将这种幻想付诸行动的催化剂。经常进行暴力幻想是一件非常危险的事情，这种情况如果不加以遏制和疏导，一些人可能会走上犯罪道路。

书写在废旧楼房墙壁上的带有强烈攻击性的词句就是黛比已经开始迷失的最好证明。墙上的这些带有反社会性质的涂鸦清晰地表明了一件事情：一个对他人怀有恶意、充满仇恨与堕落的灵魂就此诞生了。与其说与惠特利的相遇催化了整件事情，不如说是黛比在等待这个机会，她希望能够碰上一个可以将她带入犯罪深渊的人。

也正是这个原因，才使这次犯罪活动成了不只是为了谋取钱财而动杀机的简单谋杀。对黛比而言，杀人是为了取乐，是为了折磨他人。这也解释了受害人饱受折磨的原因。在这种动机的主导下，这宗凶杀案的性质远远超出了一般的谋杀或抢劫。如果警方不能及时将其逮捕，这对杀手就会继续作案，直到他们被捕为止。

这对情侣杀手始终在模仿“雌雄大盗”，两人结识后便一直触犯法律，但他们始终没有受到惩罚。没有“风险”的犯罪活动很难让罪犯产生快感，所以他们一定会继续作案，而且会不断提升犯罪等级。酗酒后的互刺行为继续给这对情侣提供扭曲心灵的能量，也正是这种行为，让惠特利和黛比变成令人恐惧的变态杀手。

酒精让这对杀手拥有了极度的热情，黛比的头脑中充满了疯狂的念头，惠特利则可以提供一套清晰的行动方案。两个人故意引发彼此之间的争斗，相互激发、向对方挑衅、恐吓对方，在极度兴奋的状态下，这些举动就会变成导火索，他们很快就会“爆炸”。

皮特是这对杀手情侣挑选的“猎物”，他们并不急着杀死他，而是尽情地、残忍地玩弄他。他们通过对受害人施加暴力来收获快感，而这种快感又成为推动他们继续作案的邪恶动力。

因为这对杀手是以情侣搭档的形式一同作案，所以他们在作案之后表现出来的行为模式就不同于其他杀人犯作案后常有的行为模式。一般而言，杀人犯作案之后，会尽全力销毁证据，隐藏自己的行踪，以避免被警方找到。但对本案中的变态情侣杀手而言，他们作案的目的是寻求快感，而且他们非常享受作案过程，对他们而言，杀人行凶的整个过程就像是情侣之间共享的秘密一样，在必要的时候他们甚至会将这件事拿出来向其他人炫耀，所以他们作案后首先想到的是去庆祝，而不是掩盖行迹。

虽然这对情侣离开的时候打算借用煤气爆炸引爆房屋，但他们这样做的主要目的却并非销毁罪证。在这对变态情侣杀手的认知中，点燃充满煤气的房屋的行为俨然一个电影场景的翻版，而他们则是这部现实版影片中的男女主角。杀死受害者之后，这对情侣并没有挪动他的尸体，他们想借助煤气爆炸让事态继续升级，这样一来，谋杀现场的情况看起来更像是电影中的画面。

搭档型杀手和单个杀人犯有明显的不同之处，这类杀手作案后一般不会产生很强烈的恐惧情绪，因为他们是两个人。作案后，他们会相互“鼓励”，相互“打气”，推着对方继续作案，所以如果条件允许，这类杀手作案后是不会有冷却期的，他们极有可能马上继续作案。

犯罪心理揭秘

“精神变态”

——贵妇人杀手

20世纪70年代，伦敦南部的大片区域是富人聚居区，这里生活条件优越，社会治安良好。一直以来，在这片区域内很少有凶案出现，但这里的安宁被一名残忍的连环杀手打破了。两年中，有一个名叫帕特里克·麦凯的残忍杀手一直在伦敦南部犯案。因为遭到袭击的都是一些年龄较大的贵妇人，所以当地人又将该杀手称为“贵妇人杀手”。

1974年3月10日，家住朗姿广场13号的阿黛尔·佩斯结束了日间活动从外归家。阿黛尔今年已经89岁了，虽然她的身子骨还算硬朗，但高龄还是让她的行动变得迟缓起来。阿黛尔性格开朗，乐于助人，在社区内的人缘很好，很多人也乐于帮助这位高龄老人。每当阿黛尔购物归来，总会有年轻人主动帮她提购物袋，阿黛尔也会欣然接受，并邀请对方去她家喝上一杯咖啡。

这一天，阿黛尔被帕特里克·麦凯盯上了。阿黛尔并没有注意到尾随身后的不良青年，她回到公寓楼下，就直接打开公寓大楼下面的安全门准备上楼回家。就在阿黛尔回身关门的一瞬间，帕特里克将手伸进门缝中。帕特里克一边将身体挤进门内，一边晃动着手中的一大串钥匙，装成自己也有钥匙的样子。

阿黛尔不疑有他，就放帕特里克进了公寓。在上楼期间，帕特里特故意和阿黛尔搭话，他装作身体不适的样子，在阿黛尔询问他是否需要帮助的时候，请求进入她的房间，讨一杯水喝。乐于助人的阿黛尔毫无戒备地答应了帕特里克的要求，她带着帕特里克继续向前。

虽然这栋公寓楼内居住的都是富人，但公寓楼道依然狭窄昏暗，因此，阿黛尔看不到帕特里克的表情，更不知道自己将要面对一个心灵扭曲的恶魔。等到阿黛尔打开房门邀请帕特里克进屋后，帕特里克原形毕露，他用力关上房门，快步冲上前，直接掐住了阿黛尔的脖颈。年老体衰的阿黛尔立刻失去反抗能力，她甚至不能够发出一点声音，就被帕特里克掐死了。

凶案发生后，帕特里克似乎将这间公寓当成了自己的家，他坐在椅子上，喝着从床头柜上拿到的红酒，脑海中则反复回忆着进行杀戮时的细节。杀人似乎能够让他感受到一种难言的快感，这种快感让他十分着迷。就这样，帕特里克在受害人的房间内待了一个下午，到了后来，在酒精的作用下，他还靠在椅背上睡着了。

晚些时候，受害人的孙女来探望她。安全门被打开的声音惊醒了帕特里克，他慌慌张张地站起身，抄起放在床头柜上的小型收音机，快速向楼下逃去。在经过二楼楼道的时候，帕特里克和受害人的孙女擦肩而过。命案发生后，侦探肯·特顿奉命调查这起凶杀案。这是一位老警探，他接手调查过很多凶杀案，有着极其丰富的办案经验。

初步检查了案发现场后，特顿警探断定这是一起谋杀案，因为受害人的脖颈上有一道很明显的掐痕。由于受害人的颈部只有一道掐痕，所以凶手在行凶的过程中一定怀着非常强烈的负面情绪，他强烈仇恨对方。这种仇恨究竟从何而来呢?

帕特里克出生于1952年9月25日，他的童年生活并不美好。帕特里克的父亲哈罗德嗜酒成狂，他是一位退役老兵，在第二次世界大战的一场战役里，哈罗德所在的部队全军覆没，他是唯一生还的士兵。可能是因为他在战争中受过伤，也可能是因为第一任妻子在生产的时候不幸离世，哈罗德变得很不正常，他开始将自己遭遇的不幸发泄在他现有的家庭中。每当醉酒后，哈罗德都会大发雷霆，他不但会将酒瓶摔碎，还会将拳头伸向他的妻子和孩子。

犯罪心理专家从帕特里克的小学老师那里得知，年幼的帕特里克就表现出暴力倾向，他总会无故殴打同学，等老师教育他的时候，他还会编造谎言来为自己辩解。后来，帕特里克还会偷盗同学的财物，一旦被同学发现，帕特里克就会暴力殴打对方。除制造混乱外，犯罪心理专家发现帕特里克还会喝自己的尿液。

在帕特里克10岁那年，他的父亲因心脏病去世，在此之后，帕特里克再也不用被父亲殴打，但他始终不能接受父亲去世这件事，而这也将诱使他患上精神疾病。父亲去世后，帕特里克再也不用控制自己，他开始偷盗、逃学、残害折磨小动物。帕特里克还对死亡之后的事情感兴趣，他经常会向举办丧事的人问一些古怪问题，比如人死后尸体多久会腐烂，死人会不会以其他形式存在，等等。

后来，学校察觉到帕特里克的异常行为，他们立即采取应对策略。在之后的四年中，帕特里克就一直待在不同的特殊学校和精神病医院内接受治疗。只是在接受治疗的时候，人们一直将视线放在帕特里克所犯的轻微犯罪事实上，并没有关注他与父亲之间的复杂关系和一些不能容忍的疯狂行为，所以帕特里克的精神状况并没有得到改善。

后来，学校的教员和相关专家也发现他们不能改变帕特里克精神状态的事实，而帕特里克的疯狂举动还在继续升级，他的暴力倾向不断加重，堕落程度日益加深。在 1964 年 6 月，帕特里克的不良情况发展到了顶峰，他试图放火烧毁一座教堂。因为被发现得很及时，所以这场大火并没有引起灾难，帕特里克也没有因为纵火获罪。

纵火事件发生后，帕特里克的母亲决定将他带到肯特郡的格雷夫森德镇开始新的生活。可惜的是，新的生活并没有像母亲想象得那样美好，相反，帕特里克的极端行为进一步加剧。帕特里克经常一个人在房屋外面游荡，他行踪诡异，经常会做出一些古怪的行为。另外，帕特里克还会不定时地殴打他的母亲和妹妹，虽然当地政府插手管过这件事，但因为帕特里克患有精神疾病，所以他一直没有遭受法律制裁。

埃塞克斯巡回法庭将帕特里克送到医院接受治疗。这是一家权威的精神病院，该院主要负责治疗精神病罪犯。但这所医院也没有治好帕特里克，帕特里克的行为变得更加极端、暴力起来。当时，负责为帕特里克诊治的医生就断言他会成为一个心理变态的杀人狂，事实也确实按着这位医生的判断逐步发展。

很多人一提到精神病，就会觉得这种人的情绪是混乱失控的，从他们表现出来的行为不难看出这些人是不具备“良心”的。但是在犯罪心理学家眼中，能够成为连环杀手的精神病患者在日常生活中可以表现得很正常，他们患有的精神疾病更类似于间歇性精神错乱。

帕特里克就是这种情况，他可以对任何性质的挑衅行为（有真实也有虚幻）做出反应，这些反应中又充满了愤怒和暴虐的情绪。但是，只要作案结束，帕特里克就会重新回到正常的社会生活中，他可以若无其事地在街道上行走，完全不会承受任何心理负担，然后又会继续肆无忌惮地杀人。

一直到帕特里克成年，他才获准出院。出院后的帕特里克与社会严重脱节，他开始经常出入酒吧，整日与酒水为友。1973 年 5 月，帕特里克在森林中游荡时偶然遇到了神父克里恩。克里恩有过帮助流浪汉的经历,在了解帕特里克的情况后,克里恩下定决心要帮助他。很快，神父就和帕特里克结为好友，两个人经常约在酒吧谈话，但帕特里克却趁机偷了神父的支票簿，他用神父的支票簿套取现金，用这些钱来购买酒水和毒品。

但是，这些金钱还远远不够，帕特里克发现喝酒和吸毒似乎可以抑制自己的病情，于是他迫切地想要获取更多金钱。就这样，帕特里克成了一名抢劫犯，他用抢劫所得购买酒水和毒品。在实施抢劫行为的时候，帕特里克的精神疾病让他显得更加狂暴，因此只要他出手抢劫，就很难收手。

1974 年 1 月，在巴克夏郡的汉克福德，帕特里克第一次杀死了一位被害者。这是一次杀人尝试，帕特里克将一位醉酒流浪汉当成目标。他在夜深人静的时候，将这名醉汉丢到汉克福德桥下。流浪汉就如同一只折翼的鸟儿挣扎着跌入河流中央，这是帕特里克从未见到过的情形，也是他从来都没有体验到的感觉，这种感觉将促使他继续杀人。

果然，半个多月后，帕特里克就杀害了伊莎贝拉 · 格里菲斯女士。伊莎贝拉是一位 84 岁的寡居老妇，住在泰晤士河附近。一次，帕特里克看到走在堤坝上的伊莎贝拉，她当时刚刚购物归来，手上提了两个大袋子。最初，帕特里克并不想杀死伊莎贝拉，他像一位热心路人，帮着伊莎贝拉提了购物袋，伊莎贝拉被他的热心感动，两个人还成了朋友。

但是，现在的帕特里克已经变成有着双重人格的精神病患者，他早已不能有效地控制自己内心深处的愤怒和躁动。伊莎贝拉也发现了帕特里克的异常，但她还是愿意尽心尽力地开导他。为了不伤害伊莎贝拉，帕特里克曾试图卧轨自杀，但警方及时制止了他的行为。帕特里克被送到医院接受治疗。

因为帕特里克登记的姓名是假的，所以他的精神病史并没有被查出来。第二天，帕特里克出院，出院后，他的情况就开始变糟。帕特里克再次找到伊莎贝拉，但伊莎贝拉明显感觉到异常，她不敢将房门打开放帕特里克进屋，正是这一举动彻底激怒了帕特里克，帕特里克撞开房门，冲进屋子将伊莎贝拉活活掐死。

尽管伊莎贝拉已经没有了呼吸，但帕特里克还是觉得她没有死。帕特里克将伊莎贝拉的尸体拖进厨房，然后抄起一把餐刀冲着她的太阳穴捅了一刀。做完这一切之后，帕特里克又将伊莎贝拉的尸体放平，将她的双手叠放在腹部，摆出一副通常会被认定为自杀的姿势。处理好伊莎贝拉的尸体后，帕特里克又在受害人的房间内徘徊了一会儿，他打开受害人常听的收音机，喝了一点威士忌，然后靠坐在客厅中央的躺椅上休息。

最后，帕特里克还在受害人厨房的水槽内放满了碗碟，他又在碗碟上方放了一双受害人的鞋子，打开水龙头后，帕特里克才从案发现场离去。因为伊莎贝拉在这座城市内没有亲人，所以直到两周后，案发现场才被发现。虽然警方立即立案调查，但凶手早已逃之夭夭。因为凶手留在案发现场的线索太少，再加上警方并不清楚凶手的作案动机，所以警方将这起凶杀案归入普通抢劫案的范畴，但调查工作始终没有结果。

此时，作案真凶正大摇大摆地在伦敦街头晃荡。随后不久，帕特里克又在切西区和贝尔格莱威亚区内抢劫了几位妇女，但这几次他都没有杀人。在作案前，帕特里克都会和受害人结为好友，他会和受害人一起购物，帮她们提购物袋，送她们回公寓，然后顺便在她们家中喝一点儿酒。

1974 年 3 月 10 日，帕特里克尾随阿黛尔 · 佩斯回家并将其杀害。案发后，警方立即展开相关调查，因为阿黛尔被害案和伊莎贝拉被害案之间有地域上的联系，两起凶案的受害人也有很明显的相似之处，所以警方将两起凶案放在一块进行调查。在不久之后，警方将会发现近期频频发生的抢劫案与这两起凶杀案之间的联系，到那时，种种线索会直指帕特里克，警方将首次锁定作案嫌凶。

在阿黛尔被害两天后，巡警在维托克维尔地铁站发现了准备卧轨自杀的帕特里克，帕特里克被带回警局，但因为他有精神疾病，所以警方只关了他 5 天就重新将他放了出来。1974 年 3 月 21 日，帕特里克登上了去肯特郡的火车。目的地是一座靠海的小村庄，安东尼 · 克里恩神父就住在这个小村庄中。

当天下午，帕特里克敲响了神父家的房门，神父打开房门放他进屋。在经过简短的交谈后，帕特里克突然暴起发难，他拽着神父的衣领将他拖到卧室，神父不甘受控，拼命扭动身体，试图脱离帕特里克的掌控。可能是神父的举动惹恼了帕特里克，也可能是他本就带着杀意，帕特里克掏出随身携带的匕首，狠狠地刺中了神父的身体。

杀死神父后，帕特里克并没有急着离开，他像往常一样在凶案现场中欣赏由他制造的血腥场面。帕特里克打开浴缸上方的水龙头，准备在浴缸内放满水。帕特里克一边玩着浴缸内的水，一边哼起了小曲，整个过程持续了近一个小时的时间。最后，帕特里克将神父的尸体丢在浴缸中逃跑了。

杀人过后，帕特里克又重新返回格雷夫森德看望母亲并与她共进晚餐，但他并不知道，警探肯·特顿正在追捕他的路上。特顿警探之所以会怀疑帕特里克，是因为在一年前，帕特里克曾偷过神父的支票簿，并因此被他抓过。特顿警探认为，帕特里克很可能与神父的死有关。

与此同时，特顿警探还派警员与伦敦警局联系，双方密切合作，一致认定帕特里克就是制造这一系列连环凶杀案的幕后元凶。48 个小时后，帕特里克在家中被捕。被逮捕的时候，帕特里克神情平静，不待警方发问就承认了杀死神父的罪行。

在警局，帕特里克用兴奋的语气完整讲地述了杀害神父的全过程，他还认定这其实是他生命中最美妙的时刻。1974 年 3 月 23 日，连环杀人狂帕特里克·麦凯彻底交代了他所犯下的全部罪行。帕特里克宣称自己杀了 13 个人，但警方经过仔细查证后，发现这起连环杀人案中只有 4 名受害人，其他几起凶杀案都是帕特克里故意编造的，他故意夸大犯罪事实，以这样的手段和警方周旋。

1974 年 11 月 21 日，帕特里克被送到法庭接受审判。因为帕特里克对他所犯的罪行供认不讳，所以法庭只用了 20 分钟就做出了最终判决。在宣判前一刻，帕特里克又以身患精神疾病为由拒绝承担刑事责任。负责检查帕特里克精神状态的专家认为，帕特里克是一名精神变态患者，他的人格已经扭曲，但他有明确的是非判断观念，他的精神并没有彻底混乱，所以他必须为自己所犯下的罪行负责。最后，法庭认定帕特里克有罪，判其终身监禁。

犯罪心理解析：精神变态

这是一起连环凶杀案，最初，凶手只是设法骗取受害人的信任，然后潜入受害人的房屋抢劫，他用抢劫得到的金钱购买毒品，以满足自身的需求。但随着作案次数的增多，抢劫也演变成谋杀。帕特里克为何会变成一个连环杀人狂呢？犯罪心理专家认为，这和帕特里克从小就患有的精神疾病有关联。

在帕特里克 15 岁的时候，他就被诊断出患有精神病。但在 20 世纪 60 年代，针对青少年精神病的治疗方法还很简陋。较差的治疗环境并没有改善帕特里克的病情，这将给他埋下犯罪的隐患。从帕特里克的行为可以看出他是一个典型的精神病患者，他危害社会、冷血又残忍、毫无同情心和负罪感。虽然帕特里克在日常生活中表现得很正常，但这恰恰与很多犯罪的精神病患者会表现出双重人格的特点相吻合。

帕特里克的父亲在遭遇精神和身体上的双重痛苦后沉迷酒精，但酒精只会加深他内心的悲痛和外伤带给他的痛苦，他的情绪开始变得不稳定，暴力发泄成为他宣泄负面情绪的唯一方法，而这又直接影响到帕特里克，让他变得更加暴力、扭曲。犯罪心理专家认为，帕特里克与父亲之间的这段不健康的关系可能是导致他变成杀人狂魔的另外一个主要原因。

高频率、高密度地目睹人际暴力的孩子会产生出“暴力是日常生活中解决问题的简便方式，也是回应事情的方式”的错误认知，最后，孩子就会用同样的方式来表达自己的情感，这也解释了帕特里克为何会在学校内肆意殴打同学。

等到帕特里克放火烧毁教堂的时候，他随时都有可能会变成一个精神扭曲的连环杀手。在犯罪心理学中，心理变态的连环杀手通常有三个特征即残忍地杀死小动物、纵火和尿床，这三种症状统称为“麦克唐纳症状”。一般情况下，只有在家庭中经常性被忽视或者遭受虐待的孩子才会出现这种症状，但是幼年时期的行为和后来的暴力行为之间并不存在必然联系，那么最终导致帕特里克走上犯罪道路的因素是什么呢？

帕特里克成年后就开始迷恋酒精和毒品，从某种意义上来讲，这两样东西确实能够暂时性地抑制帕特里克的精神问题，但抑制并不能解决问题，反而会让帕特里克的精神疾病变得更加严重。更何况酒精还会让帕特里克变得更加狂暴，而毒品又会使他产生幻想，这两者叠加在一起，才会让帕特里克走上抢劫犯罪的不归之路。随着抢劫成功次数的增多，帕特里克的犯罪行为必将升级，而这也是他成为一名连环杀手的前兆。

接下来，暴力行径会继续升级，杀人已经成为必然。第一次尝试性杀人让帕特里克体验到了那种可以掌控他人生命的感觉，这是他从未体验过的，在这种感觉的引导下，帕特里克一定会继续作案。再次杀人后，帕特里克就形成了专属于他自己的作案手法，在之后的凶杀案、抢劫案中，帕特里克选中的受害人通常都很脆弱，而他的攻击又极为残忍、暴虐。

总体来说，帕特里克的童年经历让他变成一个精神变态患者，而他对酒精和毒品的需求又诱使他走上犯罪道路。在暴力行为不断升级的情况下，帕特里克开始行凶杀人。此时，帕特克里的杀人动机已经从获取财物转换到享受杀人的快感，所以他才会在杀人结束后刻意留在凶案现场，以眼前的杀戮场景为刺激源，使自己在享受杀戮的幻境中沉沦。

犯罪心理揭秘

变态杀戮狂

——女连环杀手

1995 年 10 月，温彻斯特市刑事法院即将进行一场世纪级审讯。在重装车队的押解下，英国历史上臭名昭著的连环杀手之一萝丝 · 韦斯特即将抵达法院大楼。法院大楼前和街边早已聚集了为数众多的记者和民众，人们都想看一看，这个犯下变态杀人案的女杀手到底是一个怎样的人。

这名 41 岁的中年妇女被控十余项谋杀罪名，其中有一名受害人还是她的女儿。尸检结果可以证明，所有受害人生前都曾遭受某种程度上异常惨烈的虐待，这种虐待一直持续到受害人死亡。案子开庭审理后，检方只是大致做了一番陈词概要，所提到的内容就已经让陪审团成员深感不安。

另外，萝丝 · 韦斯特在法庭上的表现也极为古怪。在面对检方提交的大部分确凿罪证时，萝丝都面无表情，就好像接受审判的人并不是她一样。唯一例外的是，当检方提到受害人海 · 希尔（萝丝的女儿）的名字时，萝丝才眼含泪光低下头去。陪审团成员也很难搞清楚萝丝到底是真情流露还是在故作姿态，虽然他们更希望凶手能够悔过，但一切已经晚了。

这起轰动整个英国的变态连环凶杀案始于多年以前。1953 年 11

月 29 日，生活在北德文郡诺森镇的比尔和黛西生下了第五个孩子，这个孩子就是萝丝。这是一座沿海小镇，当地的自然风光十分秀美，到处都是绿色植被。因为当地纬度较高，又临海，所以这里的冬天有些难熬，但夏天时是一个避暑度假的好去处。

萝丝被捕后，犯罪心理专家曾来这座沿海村镇，走访那些曾经与萝丝交往的友人。据萝丝的昔日邻居所言，虽然当地居民的平均生活状况都很不错，但萝丝一家的生活处境却很艰辛。除生活条件艰苦外，萝丝也从来没有享受过被父母疼爱的感觉。萝丝的家庭是典型的不正常家庭，她的父亲比尔性情古怪，经常会无故对其他家庭成员施加暴力。

谁也想不到，这个相貌温和的男人竟然是一个丑恶怪物，他不仅没有尽到作为家庭支柱的责任，反而经常性地对妻女施加暴力。萝丝和其他同龄孩子有些不太一样，她天性迟钝，对任何事情的反应都会慢上两拍。恰恰是因为这种情况，使萝丝在面对暴力侵犯的时候难以做出恰当的应对。

萝丝的母亲患有很严重的抑郁症，在怀着萝丝的时候，她还接受过脑电波治疗。犯罪心理专家认为，母亲的身体情况潜在影响了萝丝的状态，这可能就是导致萝丝天生有些迟钝的原因。据萝丝的邻居称，萝丝一家的兄弟姐妹都不常出门，他们的父母不允许他们与同龄孩子玩耍。

除遭受家暴和半幽闭的生活环境外，萝丝还要承受父亲的侵犯。因为萝丝的性格迟钝，所以在被比尔侵犯的时候，她可能并不会做出激烈的反抗，在其他几位姐妹拼命反抗并设法逃离的时候，萝丝已经逐渐习惯，她甚至还在遭受虐待的过程中找到了一些可以讨好比尔的技巧。每当暴力虐待降临到她的身上时，萝丝就会用这些技巧迎合、安抚比尔，以避过比尔的拳脚。

萝丝被捕后，犯罪心理专家对她做了一个专访，在谈及儿童时期的悲惨生活时，萝丝总会用一些象征性的词语代替那些黑暗可怕的部分。比如，萝丝会将一些黑暗情形比成一个头戴黑色兜帽、身穿黑色披风的男人，在她的童年时期，这个男人始终如影随形。

萝丝 13 岁的时候，比尔一家搬到了距离格洛斯特约 15 英里远的华索特村。1969 年，萝丝在这里遇到了弗雷德 · 韦斯特。据萝丝回忆，她当时在公交车站等汽车的时候邂逅了弗雷德。弗雷德的牙齿色泽青黄，口气浓重，他身上还带着一股浓烈的异味，但这些在萝丝眼中却别有一番魅力。

萝丝和弗雷德很快就成了恋人，二人的相遇也注定了彼此的命运。两人相遇时，萝丝只有 16 岁，但她已经久经人事。弗雷德比萝丝年长 12 岁，他是一个世故老练又扭曲变态的男人，而他的行为也将彻底激化萝丝，让萝丝在虐待与杀戮的丑恶深渊中彻底沉沦。

弗雷德 · 韦斯特生于 1941 年，他是格洛斯特郡麦治马高村的居民。弗雷德 21 岁的时候结过一次婚，但这次婚姻生活并不幸福。婚后，弗雷德与妻子搬到苏格兰居住。一年后，女婴夏尔曼出生，但她的生父并不是弗雷德。又过了一年，次女安妮出生。随后，一家人搬到苏格兰西南部生活，没过多久，弗雷德就与妻子离婚，并由他独自抚养两个女儿。

在与萝丝结识之后，弗雷德就开始追求她。萝丝也愿意与弗雷德交往，她帮弗雷德照看两个未成年女孩，这让弗雷德十分满意。没过多久，萝丝就与弗雷德同居了，在此之后，萝丝才终于见识到弗雷德的真面目。弗雷德是一个虐待狂，他对色情物品、嫖妓以及虐待充满兴趣，在他的怂恿下，萝丝也加入了这种生活。

一年后，萝丝怀孕，弗雷德就带着越来越多的家庭成员搬到了格洛斯特密德兰道 25 号居住。不久之后，年仅 17 岁的萝丝生下了自己的第一个孩子——希瑟 · 韦斯特。除要照顾三个孩子外，萝丝与弗雷德之间已经发展出了怪异的生活。弗雷德会监视萝丝，并要求她与自己只有一面之缘的新朋友发生关系。对一名年仅 17 岁的少女而言，这一切都太沉重。

在 1971 年 3 月的某一天，萝丝的继女夏尔曼被发现失踪了，萝丝和弗雷德对外声称，夏尔曼现在与亲生母亲住在一起，但真相要比谎言可怕得多。此时，萝丝还不满 18 周岁。1972 年 1 月，弗雷德与萝丝成婚，同年，他们举家搬离密德兰道，来到克伦威尔街 25 号的新家居住。此时，萝丝生下了第二个孩子梅 · 韦斯特。

此时，弗雷德一家遭遇了经济危机，为了缓解这种情况，弗雷德决定利用他在工地上学来的装修技术改造这栋房屋。建在克伦威尔街 25 号的公寓其实并不算大，弗雷德又在这栋公寓内加装了很多隔断，将整个公寓分割成大大小小的隔间，他用这些小隔断来安置家人并招揽过路租客。借着装修房屋的便利，弗雷德还在公寓里建了一个地下室，而这个地下室又将成为弗雷德与萝丝埋藏受害人尸体的地方。

除招揽客人外，弗雷德还会干一些偏门勾当来赚取外快。仅仅在克伦威尔街居住了几个月的时间，弗雷德夫妻二人就引起了当地警方的注意。卡洛琳·罗伯茨在1972年与弗雷德夫妇结识，当时她需要搭便车，弗雷德夫妇很友善地表示愿意捎她一程。因为主动与卡洛琳接触的人是萝丝，所以卡洛琳并没有感到威胁，她欣然同意搭乘这对夫妇的便车，但她并不知道，从她登上汽车的那一刻起，她就成了这对夫妇选中的“猎物”。

因为与萝丝相谈甚欢，所以当弗雷德夫妇提出要聘请她为保姆时，卡洛琳欣然同意。卡洛琳和萝丝差不多大，两个人相处得很愉快。在与萝丝相处的时候，卡洛琳发觉她有一些特殊的嗜好，比如她喜欢把玩卡洛琳的头发和手指，喜欢触碰卡洛琳的身体，称赞她的五官。

在弗雷德家待了几天后，卡洛琳又注意到一些诡异情况。她发现弗雷德会经常性地在公共场合触碰、抚摸萝丝的身体。在萝丝做饭的时候，弗雷德还会偷偷掀开她的裙子。对弗雷德的所作所为，萝丝并不反感，她反而会与弗雷德一同打闹。弗雷德还会在卡洛琳面前提及一些与性有关的话题，并表示他会做流产。在卡洛琳离开的前一星期，弗雷德还提到安妮，他告诉卡洛琳，说安妮已经不是处女了。

弗雷德说这些话的时候，安妮就在房间内，卡洛琳注意到，安妮听到这些话以后就低下头去，再也不敢与房间内的其他人对视。安妮的表现让卡洛琳深感不安，她知道，在这个小女孩的身上一定发生了某种虐待事件，而施暴者极有可能就是她的亲生父亲。在弗雷德看来，此时的卡洛琳已经知道了很多隐秘且暴力的事实，所以她必须加入其中。几天后，弗雷德和萝丝就主动邀请卡洛琳一同发生关系，但卡洛琳拒绝了，她辞去工作，从克伦威尔街25号离开了。

一个月后，卡洛琳又一次在搭车的时候遇到了弗雷德夫妇，弗雷德主动下车与卡洛琳打招呼，他很诚恳地向卡洛琳赔罪。在萝丝的声援下，卡洛琳相信之前他们所说的内容都是一些玩笑话，她再一次同意搭乘弗雷德的汽车。正当卡洛琳放松警惕的时候，弗雷德夫妇突然出手将其击昏在地。弗雷德夫妇用胶带将卡洛琳的手脚捆住，然后将她带回克伦威尔街 25 号公寓。

回到克伦威尔街后，卡洛琳也醒了过来，她强迫自己冷静下来，表现出顺从的态度，尽力完成弗雷德夫妇提出的要求。走进一楼大厅，萝丝就有些失控，她迫切地想要亲吻、抚摸卡洛琳。萝丝的行为再一次吓到了卡洛琳，她开始反抗。但她显然不是弗雷德夫妇的对手。很快,她就被制服了,弗雷德夫妇将她捆在客厅角落处的躺椅上。接下来，卡洛琳就要面对 12 个小时的疯狂虐待行为。

在整个施暴过程中，萝丝都是主力。据卡洛琳回忆，当时有一个人前来敲门，卡洛琳认为这是她逃离魔窟的唯一希望，于是她大声喊叫。卡洛琳的举动吓到了萝丝，她急忙抄起一个枕头，狠狠地按在卡洛琳的头上，尽管卡洛琳拼命挣扎，但她还是没能逃脱。等到卡洛琳恢复意识的时候，弗雷德已经关上了房门，他用手掐着卡洛琳的脖颈，将她拉在面前，恶狠狠地威胁道：“既然你这样不听话，那你就给我去招待我的黑人朋友，你最好祈祷我们不会玩腻，否则那天将是你的死期，我会把你埋在格洛斯特的街道下面，永远不见天日。”

弗雷德还表示他在街道下面埋了数百人了，警方一直没有发现这些受害人，所以也不会发现卡洛琳。在那一刻，卡洛琳真希望自己能够立刻死去，她不想也不敢去面对即将发生的暴行。等到萝丝下楼照看孩子的时候，弗雷德对卡洛琳实施了侵犯。

侵犯过卡洛琳之后，弗雷德竟然坐在床边痛哭起来，他向卡洛琳道歉，祈求卡洛琳不要将他的丑恶行径告诉萝丝，并宣称如果萝丝知道了这件事，她会动手将他们统统杀掉。卡洛琳假意应允弗雷德的要求，她还同意继续在弗雷德家工作，以此换取弗雷德夫妇的信任，并借机逃了出去。逃出魔窟的卡洛琳立即向警方报案，但她不想在法庭上做证指认弗雷德夫妇。

卡洛琳当过妓女，当地警方没有将她报告的事情放在心上，负责调查这起案子的警察甚至以一种很鄙夷、很没有同情心的语调提问并录取了口供。在办案警察的认知里，卡洛琳只不过是遇到了一个变态嫖客，虽然这个嫖客的行为有些出格，但这还不足以立案调查。

尽管卡洛琳强调这对夫妇的行为极其暴力，警方还是没有做深入调查。最后，弗雷德夫妇只是到格洛斯特地方法院接受审讯，被判非礼罪名成立。在支付了 50 英镑罚款后，这对夫妇就堂而皇之地离开了。按当时的情况，弗雷德夫妇受审只能算是一个小案子，所以当地媒体没有曝光这件事。弗雷德夫妇又一次回到看似正常的生活中，也从来没有人察觉到，在克伦威尔街 25 号公寓窗子后面，掩藏的竟是让人不寒而栗的恐怖折磨与变态谋杀。在之后的 20 年中，这个秘密一直没有被发现。

一直到 1992 年夏天，一名警员在克伦威尔街巡逻的时候，被多名小孩拦下，这些小孩告诉巡警，克伦威尔街 25 号公寓内疑似存在虐待儿童的现象。当天，经过警务内部会议研究，一队警员和社工集合人马敲开了克伦威尔街 25 号公寓的房门。弗雷德家的孩子被送到了儿童之家，弗雷德夫妇也将面临虐待儿童的指控。正是这一指控，最终揭发了英国犯罪史上骇人听闻的恐怖连环谋杀案。这栋位于格洛斯特中心地带、有露台的三层小楼也即将成为犯罪调查现场。

只是弗雷德的孩子们并不想出庭指控自己的亲生父母，警方也只能撤掉了相关控诉。但是警方在调查取证的时候，发现这些孩子经常会谈及一个名叫希瑟的女孩，他们告诉警方，如果自己不听话、不乖，就会像希瑟一样被埋在后院。希瑟是弗雷德夫妇的长女，警方在解救这些孩子的时候并没有看到她的身影。

现在，希瑟就像人间蒸发一般没了踪迹，警方认为弗雷德夫妇一定清楚她的行踪。在后续的调查盘问中，萝丝宣称希瑟是因个人原因离家出走，弗雷德也持同样说法，他将希瑟形容成同性恋，因为弗雷德不允许她交同性朋友而离家出走。因为警方始终没有掌握希瑟的行踪，所以警方得出了两个推论：第一，希瑟可能离开了英国；第二，希瑟已经身故。

据弗雷德夫妇所言，希瑟在 8 年前，也就是 1984 年离家，当时她还没有成年，所以警方认为希瑟离开英国的可能性很小。在这种情况下，警方认为希瑟可能已经遇害，但弗雷德夫妇自始至终都没有向警方报过失踪，所以他们怀疑希瑟的死与这对夫妇有关。于是当地警方向上级申请了搜查令，准备搜查弗雷德家的后院。

1993 年 2 月 26 日下午 4 时，当地警方在克伦威尔街 25 号后院内挖到一具人类骸骨。因为土壤中夹带大量和头发相像的毛发，所以警方继续向下挖掘。不久，警方就挖到第二具死尸和一些残缺的尸体残骸。现在，警方以涉嫌谋杀的罪名将弗雷德夫妇逮捕。经过连续数个小时的侦讯，弗雷德不但承认谋杀了希瑟，还承认谋杀了另外两名女子。警方通过尸检，确认这两名受害人分别是艾莉森·钱伯斯和雪莉·罗宾逊。雪莉遇害时还怀有 8 个月的身孕。

雪莉和艾莉森都是弗雷德招揽的租客，据弗雷德所言，他和这些女人都发生了关系，雪莉还怀上了他的孩子，但这些行为都是背着萝丝的。当雪莉决定将孩子生下来，并与弗雷德组建家庭的时候，弗雷德没有能力处理这种混乱的关系，再加上萝丝已经知道了事情的始末，所以弗雷德就痛下了杀手。

被警方逮捕后，萝丝的表现则与弗雷德完全不同，她坚决表示发生的这些事情与她无关。在警方看来，萝丝的供词前后矛盾。前段时间，萝丝还坚称希瑟是因为个人原因而离家出走，现在又说这一切与她无关，这意味着萝丝一直在说谎，而她极有可能也是凶杀案的参与者。在整个案件的调查过程中，弗雷德·韦斯特先后受过一百余次盘问，在这些讯问中，他有时认罪，有时又否认罪行或者再换一套新的说法。萝丝则接受了近九十次盘问，每次盘问的时候，萝丝都坚称这一切与自己无关。

随着调查工作的开展，警方又发现了一名受害人——琳达·高夫，这名受害人在 1973 年失踪。在之后的数个星期内，警方又在克伦威尔街 25 号院内挖掘到一些其他受害人的残骸。经验尸官检验，警方宣布这些受害人遇害时都没有穿衣物，她们被胶带或衣物制成的绳索捆绑起来，遭受凌虐和残忍的折磨。几乎所有的受害人都惨遭肢解，部分受害人还惨遭斩首。有些受害人的手指骨、脚趾骨、膝盖骨等骨块被移除、丢掉。

警方还在一具受害人的尸骸上找到了一副由胶带制成的面具，这副面具被发现的时候仍然戴在受害人的头骨上，面具上面还附着一些管子。法医认为，这些管子存在的目的就是让受害人在被杀前仍旧可以呼吸。截至 1993 年 3 月 8 日，警方一共在克伦威尔街 25 号公寓内发现了 9 具尸体。

这些受害人分别是希瑟·韦斯特、艾莉森·钱伯斯、雪莉·罗宾逊、特雷泽·西根塔勒、雪莉·哈伯德、露西·帕廷、胡安·妮塔、琳达·高夫、卡罗尔·安·皮特。除这 9 名被害人外，警方还怀疑弗雷德首任妻子的女儿夏尔曼也惨遭杀害。在弗雷德的认罪书中，确实有夏尔曼的名字，但警方认为杀人者并不是弗雷德。

夏尔曼在 1970 年 11 月遇害，当时，弗雷德因盗窃罪被送往沃顿安德埃奇利监狱服刑 10 个月。也就是说，杀死夏尔曼的人应该是萝丝。5 月 24 日，警方在密德兰道 25 号公寓地下室内发现了夏尔曼的尸骸，经过尸检验证，警方确认夏尔曼在弗雷德出狱之前就已经遇害。警方推测，萝丝杀死夏尔曼的时候才 17 周岁，那她作案后一定会将案发经过讲给弗雷德，由弗雷德处理后事。

等到弗雷德的前妻丽娜找到弗雷德，准备接走女儿的时候，弗雷德就谎称夏尔曼去了祖母家，然后提议与丽娜一同去接她。这样弗雷德就有机会与丽娜独处，然后将她杀死。按着这条推论，警方在距离格洛斯特约 15 英里远的田野里找到了丽娜的尸体。在这处抛尸地点内，警方还找到了弗雷德前女友安妮·麦克福尔的尸体。但弗雷德宣称自己并没有杀害安妮，警方也拿不出证据证明安妮的死与弗雷德有关。

1994 年 12 月，弗雷德夫妇在格洛斯特地方法院接受审讯，弗雷德被控12项谋杀罪，萝丝被控9项谋杀罪。1995年元旦，弗雷德·韦斯特在狱中畏罪自杀。弗雷德的死不仅让他逃过了法律的惩罚，还使正在进行的审讯出现了问题。因为警方指控弗雷德与萝丝在大部分谋杀案上串谋，但现在只剩下萝丝接受审讯，相关指控就难以得到证实。

1995年10月3日，萝丝·韦斯特出庭受审，此时，萝丝依然否认所有指控。但警方已经掌握了确凿的罪证，在间接罪证、幸存者指认及确凿铁证的证明下，萝丝已经在劫难逃。经过连续7周的审讯，萝丝所犯的罪行被一一揭露。最终法庭宣判萝丝·韦斯特有罪，检方指控的10项谋杀罪全部成立。萝丝·韦斯特被判终身监禁，且不得假释。

犯罪心理解析：从被虐者到施虐者

这是一起性质非常恶劣的连环杀人案。作为制造这一系列杀人案的罪魁祸首，萝丝是让人痛恨的，但从某种程度上来讲，她的命运同样悲惨。萝丝的童年经历堪称惨痛，她的父亲是一个变态恶魔。因为经常性地被父亲殴打、侵犯，萝丝越来越容易向他人屈服，这为她走上犯罪道路做了铺垫。

萝丝母亲的身体状况在一定程度上影响了她，但这不足以让萝丝变成一个变态杀人狂。就萝丝的童年生活而言，她父亲比尔的行为才是导致萝丝性格出现扭曲变态的真正原因。长期遭受性虐待和性暴力会使萝丝对这两者形成错误认知，而这种错误认知和容易向他人屈服的性格又会让她继续接受来自丈夫弗雷德的变态要求。

也正是因为比尔给萝丝带来的种种伤痛以及他留在萝丝精神世界中的丑恶形象，使得萝丝对弗雷德产生兴趣。弗雷德和比尔是一类人，而萝丝已经习惯了被这类人支配的生活。只是，弗雷德有更严重的性虐待倾向，在他的指引下，萝丝的心理状态也变得更加扭曲了。事实上，当萝丝离开原来那个家庭时，她是有希望回归正常生活的，但命运并没有给她选择的权利。

从表面上来看，萝丝似乎与大部分凶杀案没有直接联系，但事实上，如果没有萝丝的参与，弗雷德很难独自完成这一连串的凶杀案。萝丝是参与者，她的参与从某种程度上助长了弗雷德的变态欲望，而弗雷德的行为又会继续催化萝丝，让萝丝在犯罪的道路上越走越远。根据警方提供的证据，萝丝在刚满17周岁的时候犯下了第一起谋杀案，不管这起谋杀案是蓄意还是无意，萝丝都有一次获得救赎的机会。

但萝丝只告诉了弗雷德，在弗雷德的“帮助”下，萝丝并没有品尝到承担法律责任的滋味，不再畏惧法律的萝丝终将失去控制。从这一刻起，萝丝就已经不再需要弗雷德的指引了。施虐者之所以会对受害人实施变态虐待，其原因就是在虐待受害人的过程中，施虐者能够感受到控制他人的快感与掌控他人生命的权力感。另外，有些施虐者还以欣赏受害人被虐待时表露出来的惨状为乐。

在此之前，萝丝只能算是一个被动参与虐待事件的受害人，她更像是弗雷德手中的提线木偶，但在成功实施了第一次谋杀之后，萝丝品尝到那种掌控他人生死的感觉。在这些变态感觉的操纵下，萝丝将变被动为主动，主动参与接下来发生的凶杀案，而这才是支撑她连续犯案的主要动机。除这条主要动机外，萝丝和弗雷德还会相互影响、促进、激化，他们可能会分享作案时的心得体验，将继续作案当成维持彼此关系的纽带，再将性虐行为不断升级，而谋杀则变成这一连串变态行为的终极目的。

种族歧视下的暴力

——奥克尼郡枪杀案

苏格兰北部的奥克尼群岛是一座拥有大量史前遗迹的古老岛屿群，岛上的自然风光非常秀美，再加上残留在岛屿上的史前遗迹，该群岛成了世人皆知的旅游胜地。共有两万多名奥克尼郡居民生活在这座美丽的岛屿上，而这里也是当地人心目中最安宁祥和的地方。

因为岛屿上的居民数量比较少，居民聚集的范围也相对狭小，所以人们大都彼此熟识。这种大家彼此熟识的环境中，几乎是没有秘密可言的，一旦有某些不同寻常的事情发生，始作俑者就一定会暴露行迹。在这种大环境下，当地的犯罪率也变得非常低，即便有一些轻微的犯罪行为出现，警方也能在极短的时间内侦破案件。

1994 年 6 月 2 日，周四，傍晚 7 点钟，一场突如其来的暴力事件意外降临，彻底击碎了奥克尼群岛上平静安逸的生活氛围。时值六月，奥克尼群岛的天气十分怡人，每一天，小镇上的居民都会被清晨明媚的阳光唤醒，在湛蓝的天空下徜徉。

这一天同样有一个好天气，岛民们过着一如既往的生活。岛内唯一的一家印度主题饭店——柯克沃尔餐厅建在奥克尼主岛的柯克沃尔镇上。此时，正是下午茶时间，很多喜欢印度风味美食的食客和一些准备家庭聚餐的居民早早地赶到餐厅内准备进餐。餐厅内一片忙碌，服务员在店内四处奔走，竭尽全力满足每位顾客的需求。

突然，柯克沃尔餐厅的大门被粗暴地推开了。一个头戴巴拉克拉法帽的人握着一把手枪大踏步走进餐厅。因为餐厅内的光线并不是很明亮，所以大多数食客没有注意到他。闯入者径直朝着食客们就餐的餐桌区走去，当他走进就餐区的回廊内时，一名服务员正在忙碌。在这名服务员一步之外，闯入者举起手中的枪械，瞄准服务员的头部，开枪、走人。

27 岁的萨姆苏丁 · 马哈茂德仰面倒下，子弹穿透他的大脑射出，最后嵌到餐厅的墙壁上。萨姆苏丁当场丧命，这位孟加拉籍的年轻人就这样终结了自己的一生。因为枪击过程发生得十分突然，大部分人可能不清楚到底发生了什么事，所以当食客们惊恐地四处躲避时，行凶者早已悄然无踪。

这是奥克尼从未发生过的枪杀惨案，这种残忍、冷血到犹如职业处决般的行凶过程更是让当地警方深感压力。凶案发生后，当地警方立即立案调查，但是，因为英国北部承平已久，所以当地警方侦办类似凶杀案的能力和可供抽调的警力都有些不足。在案发现场内，警方找到的最重要的证据就是从受害人萨姆苏丁身后墙壁上取出的子弹以及子弹射出后掉落到地面上的弹壳。

就目前的情况而言，这是警方手中掌握的唯一也是最有力的线索。武器专家戴维 · 戴森根据案发现场内的情况和弹道检测结果总结出一些能够推动案情进展的线索。戴森认为，根据弹壳掉落的位置可以判断出凶器是一把自动上膛手枪，子弹从这种枪支内射出后，弹壳就会在自动排拆装置的作用下从弹膛排出手枪。这不同于左轮手枪，左轮手枪的子弹被射出后，弹壳依旧会保存在手枪内。如果凶手使用的是左轮手枪，案发现场内就不可能留下弹壳。

除确认手枪的类型外，戴森还根据弹壳外侧的刮痕和制造商打在弹壳顶部上的特有标记判断出枪械的口径以及生产该子弹的日期编码。这是一枚直径为 9 毫米的子弹，该子弹产自印度克旗兵工厂。20 年前，英国军方曾从印度购置过一批这种子弹。这批子弹还有一些不同寻常的地方，官方鉴定这批子弹有很大一部分的质量不合格，所以早就被取缔，不再使用了。

军方拒收该批子弹，数千万记的子弹被倒进大海。对警方来说，这是一个很关键的证据，因为这种子弹很少在市面上流通，凶手自然不可能轻易地从市面上弄到这种子弹，而这恰恰是凶手无意中留下的另一条线索。但是,警方是否能够通过这条线索揭开凶手的神秘面纱呢?

为了得到更准确的线索，警方决定走访案发时在饭店内就餐的食客。尽管目击证人全力配合调查，但因为凶手进行了伪装，所以警方并不能从证词中获得有用的信息。此外，食客们对凶手身高、体型的描述也各不相同，有人说凶手是一个体格健壮的男人，有的人则说凶手的身材瘦高。因为目击证人提供的版本太多，所以警方并不能得出嫌凶的体貌特征。

警方又调查了受害人的身份，这份调查结果显示，受害人生前的经历并不能解释他被杀的原因。受害人一共有 11 个兄弟姐妹，他是 7 个男孩中最小的那个，他的大哥是一位律师，定居伦敦。据受害人的大哥回忆，萨姆苏丁的性格很开朗，他乐于助人，喜欢与人交流并总能与他人搞好关系，这也是他选择成为一名服务员的原因。

萨姆苏丁出生在孟加拉首都达卡，那是一座有着1600万人口的热带城市。萨姆苏丁来到奥克尼郡旅游，被这里秀美的自然风景深深吸引，所以他才决定在这里工作生活。萨姆苏丁是一位有着经济学学位的高才生，旅程结束后，他再次来到奥克尼郡，准备在这里继续深造，成为一名律师。枪杀案发生时，萨姆苏丁已经在奥克尼郡生活两年了。为了弄清楚凶手的作案动机，警方详细调查了萨姆苏丁在奥克尼郡生活的这两年时光。

在调查中，警方发现萨姆苏丁已经放弃继续求学，尽管他的家人希望他继续求学，但他还是找了一份工作，开始了新的生活。枪杀案发生后，各种流言开始出现。很多人认为，萨姆苏丁应该是一个贩毒集团的外围人员，或者他因感情问题惹到了某个人，这才最终导致这场杀身之祸。因为大部分人认为萨姆苏丁的死与金钱及毒品有关，所以警方认定凶手是与萨姆苏丁有过节的人，而这起枪杀案也被定义为蓄意谋杀。

又因为萨姆苏丁不是本地人，所以当地警方判断凶手应该也不是奥克尼郡人，但是萨姆苏丁的家人坚称萨姆苏丁从未有过仇敌，更找不出有可能制造这场杀戮的嫌凶。在没有外界帮助的情况下，警方的调查工作陷入停滞，在当前的形势下，警方只能将办案重点放在手中现有的证据上，继续从案发现场内找到的子弹壳上追查凶手。

虽然当地警探大都是没有处理过类似凶杀案的新手，但警方依旧严阵以待。负责带队侦办这起凶杀案的艾迪警探是经验丰富的警官，他曾在特殊部队服役，对枪支有深刻的了解。现在艾迪警探负责检查奥克尼郡内所有与凶枪类似的9毫米口径手枪，警方准备用这种笨办法找到凶手。所有与凶枪相似的手枪都被警方搜集起来，这些枪被带到靶场进行射击，然后将射出的子弹分门别类装好，再拿去与案发现场内找到的子弹壳进行比对。

经过仔细检验，艾迪警探发现警方搜集到的这些枪械都不是凶枪。至此，警方手中的线索全部中断，一直到整个夏季过去，警方也没能找到凶手的踪迹。现在看来，警方抓住凶手的可能性已经微乎其微了。但就在所有人都不抱希望的时候，案子在1994年8月迎来新的转机，案情进展迅速，警方迅速锁定了作案嫌凶。

案发两个半月之后，负责检验奥克尼郡枪械的艾迪警探突然找到长官，向他报告了自己家中也拥有一把与凶枪相似枪支的事情，而且，艾迪警探家中还存放了一批萨姆苏丁被害案中凶手所选择使用的由印度公司制造的罕有弹药。更让艾迪警探感到惊惧的是，他发现用自己这把9毫米口径手枪射出去的子弹上的弹道痕迹与警方手中掌握的那枚子弹上的弹痕完全相同。

警方之前就曾重点搜寻过这类罕见的子弹，但艾迪警探却在两个半月之后才向警方报告，这让上级心存疑问。上级质问艾迪为何隐瞒如此重要的证据，艾迪警探解释称，这盒子弹放在家中的时间过久，他也是在近期检查仓库的时候才恍然发觉。上级暂时相信了艾迪的说法，并勒令警署尽快破案。

根据艾迪警探提供的线索，警方重新调整调查方向。没过多久，办案小组就收到了一份线报，在凶案发生两周前，在一个名叫帕代尔树林的地方，有人看到一位身穿黑色外套、头戴兜帽的年轻人在树林间进行类似军队或突击队的跳跃动作演习。目击者还表示这个人的衣着与警方搜寻的嫌疑人十分相似。数周后，目击者再次联系警方，说那位行迹诡异的年轻人又一次在柯克沃尔附近的街道上出现，因为这次他并没有穿遮掩身形的衣物，所以目击者立即认出这个人就是麦克·罗斯。

麦克·罗斯是警官艾迪·罗斯的儿子，他才 15 岁，现在正在柯克沃尔初等学校上学。他极具陆军军事素养，也是当地陆军军事学院希望录取的学生。警方立即将麦克带到警署进行问话，但在首次问话的过程中，麦克否认自己是那名在帕代尔树林中活动的黑衣人。

先是艾迪警探延误重要线报，紧接着，警方又锁定了他的儿子，在这种情况下，上级允许警方搜查艾迪警探的住处。在搜查麦克·罗斯的房间时，警方找到了一些有用的证据和一个笔记本，这个笔记本上记录了一些带有明显种族主义倾向的文字和图画，在笔记本的扉页上，还有一个非常清晰的万字符。

在麦克卧室的墙壁上，还贴着《百万死亡》及《铁女架》的音乐海报，这些海报带有明确的暴力倾向。此外，警方还在麦克的卧室中找到了一支退役的 9 毫米轻型冲锋枪，这支枪是艾迪送给他的礼物，而这似乎也暗示了麦克和他父亲之间的关系。在警方看来，这些充满暴力倾向的证据预示着他就是制造萨姆苏丁被害案的元凶，但艾迪警探极力维护麦克。

艾迪警探表示，麦克笔记本上的万字符可能只是看起来比较像纳粹党的标志，这并不能代表什么，至于自己为何会给儿子送冲锋枪当礼物，其实也并没有更深的含义，他只是觉得自己是一名退役军人，而他的儿子又恰好对武器和军队的事物感兴趣，自己送给儿子一把冲锋枪是正常的，那把退役的冲锋枪只不过是一件礼物罢了。

在警方努力侦办枪杀案的时候，流言也不胫而走，人们都知道警察局内部出了一名杀人犯，这让警方很是苦恼。作为嫌凶的父亲，艾迪对外界宣称，他一直都在观察麦克的言行，但他并没有从麦克身上看到任何逾越常规的行为，他和他的外表一样，是一个简单又纯洁的15岁男孩，他绝对不是一个会冲进人群中开枪杀人的人。

但警方并不认同艾迪的这种说法，很快，麦克就因涉嫌杀人罪而被当地警方扣押。此时，麦克依然否认自己杀了人，但他承认自己曾用军队潜行的方式在帕代尔树林中活动。至于为何要这样做，麦克表示，他这样做是为了对付另一个和他抢女朋友的年轻人，但这个人一直没有出现。

在警方看来，既然目击证人证实在帕代尔树林中活动的人穿着与凶手几乎相同的衣物，那麦克很可能与凶杀案有牵连。只是，麦克又向警方提供了明确的不在场证明，他告诉警方，案发当晚，自己正和一群同龄人一起玩耍。警方在核查麦克提供的不在场证明时，却发现麦克当晚并没有一直和朋友们待在一起，他曾经离开过一段时间，所以他提供的不在场证明并不作数。

现在，警方还有一个疑问需要解答，就是这个孩子为什么要对他们撒谎呢？其中是否牵连着更深层的因素呢？为何是他的亲生父亲掌握了至关重要的证据？有部分人甚至认为艾迪警探才是幕后黑手，麦克只不过是他操控的工具罢了。在这种情况下，警方决定解除艾迪·罗斯警探的职务，并暂时将他关押起来。

现在，警方必须调查清楚罗斯家族的背景，这将有助于警方了解作案嫌凶的杀人动机。罗斯家似乎与军队有着不解之缘，麦克 · 罗斯也一心想要成为一名战士，退役军人艾迪 · 罗斯警探更是一名枪械爱好者，他拥有 11 支枪械和大量弹药。在这个带有浓重军事氛围的家庭中，麦克同艾迪一样，都热衷枪械。但也有熟悉罗斯一家的人表示，这对父子虽然喜爱枪械，但他们绝不痴迷。

艾迪 · 罗斯被逮捕后，警方也对其进行了审问。审问的重点就在那盒印度公司生产的 9 毫米子弹上。一开始，艾迪不愿透露这批子弹的来源，因为这会牵连另外一个人。后来，在警方的逼问下，艾迪不得不吐露实情。原来，这盒子弹是他的战友詹姆斯 · 斯彭斯送给他的，而詹姆斯则是在退役的时候违法从军队中带出来的。

现在，问题的关键在于当初詹姆斯 · 斯彭斯给了艾迪多少颗子弹，是一盒还是两盒呢？警方在艾迪警探家中找到了一盒还没有开封的子弹，但詹姆斯表示他总共送给艾迪两盒子弹。其中一盒是已经开封的，里面有多少颗子弹他并没有细数过。又因为艾迪始终表示詹姆斯只送给他一盒子弹，所以警方认为艾迪在说谎。

1997 年 5 月，艾迪的同事以妨碍司法调查的罪名将艾迪告上法庭。在审判的时候，艾迪还被指控为谋杀萨姆苏丁的主要嫌犯。陪审团认为艾迪有罪，艾迪被革除警察职务，并被判 4 年监禁。2 年后，艾迪被假释出狱，他回到奥克尼郡找了一份其他工作。

判决结果并不能让警方满意，而且艾迪主动承担罪行的行为也意味着麦克可能才是杀害萨姆苏丁的真凶，如果不是这样，那么艾迪就没有必要主动承担谋杀罪名了。警方认为，这是艾迪同麦克商议后的结果，艾迪主动承担一切，在警方没有掌握确凿证据的情况下，法庭不会重判，这样，麦克也不会被警方送上法庭，而艾迪只需要承担较轻的刑罚。

多年来，警方一直持续追查这起枪击案，随着科技发展，警方也用 DNA 检测技术检查了取自案发现场的那枚弹壳，但幸运女神并没有眷顾警方，这枚证物上没有任何 DNA 证据。就这样，麦克顶着杀人嫌疑犯的帽子完成了学业，毕业后，他继承了罗斯家族的传统，成了一名军人。

麦克加入他父亲艾迪曾经服役的军团，成了苏格兰高地警卫团的一员。在军队里，麦克再次展现了他的射击天赋，他成了一名神枪手，很快就加入狙击手精英小队。此时，奥克尼郡枪击案仿佛已经成了历史，该案立案已经超过 10 年，随着时间的流逝，案子的侦破也越发困难。

2004 年，麦克所在的苏格兰高地警卫团分遣队在伊拉克执行了一次很危险的突击任务，这次突击任务被新闻媒体拍成了影片，这部影片记录了该次任务的全部内容。麦克也参加了这次任务，在执行任务的过程中，麦克担任其中一辆装甲车的指挥官，但这辆装甲车在执行任务的时候遭遇了汽车炸弹，麦克的三名战友当场死亡。麦克一边反击敌人，一边帮助受伤的战友。

因为麦克在这次任务中表现优异，所以媒体给他很多镜头，这名杀人嫌犯一下子变成了有着下士军衔的战斗英雄。此时，麦克已经结婚并生育了两个孩子，他的前途一片光明。2006 年，奥克尼郡枪击案发生 12 年后，这宗悬案再次迎来转机。一位男士将一封匿名信放入柯克沃尔警局的信箱内。

在这封匿名信中，该男子表示他看到了那晚射杀萨姆苏丁的凶手，并坦言这个秘密被人隐瞒了12年。在1994年6月2日当晚，目击者从酒吧内出来，去了距离事发餐馆不到100码的公共厕所方便。在方便的时候，目击者听到隔间里有窸窣的换衣声，出于好奇，目击者一直留意这间紧锁的隔间。没过多久，目击者就看到麦克·罗斯从隔间内走出，他的手里还拿着一把半自动手枪。

因为不想指认凶手，也不想成为将凶手送进监狱的那个人，所以目击者将这件事隐瞒了起来。对检方而言，目击者提供的这封信就是他们找了12年的关键证据。如果目击者肯出庭作证，那法庭就会做出判决。2008年6月，29岁的麦克·罗斯因涉嫌枪杀他人而被送到格拉斯哥高等法院受审。

虽然已经被控有罪，但麦克并没有被当地警方羁押起来，他每天自由进出法庭，以极其嚣张的姿态接受审判。在法庭审理的过程中，麦克表现得非常放松，他没有流露出任何不恰当的情绪或表情，他的强大自控力让检方很难窥到破绽。只是，麦克也没有提供任何可以反驳检方的证据，他的表现像极了11年前在法庭上接受审判的父亲。

为了说明作案动机，检方指出，证人可以证明学生时代的麦克·罗斯有很强的种族主义倾向。检方还指出，萨姆苏丁·萨姆苏丁之所以被他选为目标，纯粹是因为他的种族。但被告方的证人、麦克的长官则以麦克·罗斯关系最好的一名战友是一位黑人来反驳检方的观点。

当时，有部分人认为麦克有罪，但另一部分人又认为他无罪，不管怎样，大家都知道麦克很难被判刑，因为检方始终没有掌握可以证明麦克有罪的铁证。现在，陪审团必须做出决断，判定麦克是一个被“杀人嫌凶”这种谣言伤害14年的英雄，还是一个暴力血腥、喜欢杀害无辜人士的种族歧视者。

6个月后，法庭做出了最终宣判，麦克·罗斯被判有罪，检方控告的罪名成立。就在法官做出宣判的这一瞬间，麦克突然做出惊人举动，他徒手翻越被告席，穿过法庭，直奔陪审团身后的大门，上演了一场法庭逃脱戏码。麦克打算从走廊奔向防火口，并从那里逃出生天，但他还是被巡逻的法警捉住了。

就在麦克被警方羁押的同时，与他有关的另一个秘密也逐渐浮出水面。警察们被叫到一个距离法庭很近，名字叫作格拉斯哥的超市停车场调查一辆疑似被遗弃在这里近一周时间的外租车。在这辆车的后备箱内，警方找到了一个手提袋，手提袋内装着军用救生设备、三颗手榴弹和一支装满子弹的机枪，而这辆车的租主就是麦克·罗斯。警方断定，麦克租用这辆车就是以备逃跑之用。

至此，麦克在1999年执行科索沃军事任务后将机枪走私回来并藏在家中电视机后面的丑事才被披露出来。只是，这些能够杀人的武器与枪杀案并没有关联，麦克·罗斯也只被判了25年监禁。

犯罪心理解析：军人之子的犯罪心理

这是一宗枪杀案，因为凶手作案手段极为果断，案发现场是人流量极大的餐厅，凶手又没有和受害人发生过接触，所以警方几乎不能从案发现场内得到有用的物证。即便是凶手疏忽，在案发现场内留下了一枚弹壳，警方也没能通过这枚弹壳得到可以将嫌犯定罪的铁证。从警方手中所掌握的线索来看，将麦克·罗斯定罪实在不是一件容易的事，如果不是目击证人在关键时刻提供了足够有力度的证词，那么检方很可能会败诉。

在了解凶案发生的整个经过之后，相信很多人会得出一个明确的结论，即麦克就是杀死萨姆苏丁的凶手。倘若麦克不是杀人凶手，他就不会在法庭做出有罪宣判的时候逃跑。麦克存放在汽车后备箱内的东西也可以佐证这一点。更重要的是，麦克早在1999年就开始谋划逃跑这件事了。

但法庭是讲究证据的地方，在检方不能提供更有力证据的情况下，陪审团只能得出有罪结论，判处相对较轻的25年监禁。那么，麦克为什么会杀死萨姆苏丁呢？他的这种杀人想法是什么时候产生的？

犯罪心理专家告诉我们：在探讨麦克的杀人动机之前，我们必须先了解一下麦克的人生经历。值得一提的是，罗斯家族是一个以成为军人为荣耀的家族，这个家族中充满了浓烈的军事气息，在耳濡目染的情况下，麦克成了一个军事迷，而他也很有这方面的天赋。

麦克的父亲艾迪也以麦克为荣，他认为麦克一定会成为一名比他还要优秀的军人，在这种主观认知的影响下，艾迪才会将退役的冲锋枪当成礼物送给麦克。可以想见，麦克在拿到这把真枪时内心中的感觉，从这一刻起，麦克就已经具备了持枪杀人的条件。

在很多人看来，凶案发生时，麦克只有15岁，这样年纪的少年正是天真无邪的时候，但犯罪心理专家提醒我们还要从警方搜集到的证据和犯罪心理学家的角度来看待问题。麦克的军事思维定式和在枪杀萨姆苏丁过程中表现出来的精准程度是可以从他的童年和成长经历中找到根源的。

另外，麦克产生了错误的种族歧视的思想。麦克的卧室内有很多包含暴力因素的影音作品，在这些作品的影响下，麦克自然会变得极端而暴力。至此，枪杀案才会出现。至于麦克为何没有继续杀戮，其实与艾迪有关。

在首轮审讯中，警方因没有掌握确凿的证据，也没有目击证人愿意指认麦克，所以不得以将艾迪告上法庭。艾迪也主动认罪，替麦克承担了一部分罪行。亲生父亲的遭遇与付出让麦克看到了触犯法律的后果，这才让他重回正轨，不再继续触犯法律。

犯罪心理揭秘

扭曲的情感关系

——家庭纵火案

在英国工业城市德比市市中心几里外的一座墓地中，有六个连在一起的特殊坟墓，这座坟墓下面埋葬的是六位未成年儿童，这些天真的孩子无论如何也想不到，在某一天，他们的亲生父母竟会对自己痛下杀手。这是多么令人恐怖的一天啊，孩子们还在做着甜美的梦，一场猛烈的大火将这一切化为乌有。

这宗令6名孩子无辜丧生的家庭惨剧发端于2003年5月。19岁的单亲妈妈梅雷亚德·达菲和第二任丈夫米克·菲尔伯特结婚。梅雷亚德并不十分清楚米克的过往,她也从未想到这个看似彬彬有礼的“绅士”竟然会刻意隐藏他的邪恶过往。米克也曾有过一段婚姻，在他21岁的时候，他就和17岁的金姆·希尔同居了。

不久之后，米克参军，金姆不愿独自忍受孤独的生活，她直接给米克写了一封分手信，想要和米克分手。米克收到信后，立即赶到金姆家，以极其残暴、近乎疯狂的手法在金姆的身体上连续刺了15刀。金姆的母亲前来阻止,也被米克刺伤。幸运的是,金姆母女并没有死亡,米克因故意伤人罪被捕入狱，被判7年监禁。

即便是被关了7年，米克依旧不愿悔改，他的家庭生活中依旧充斥着暴力和虐待。米克是一个极度以自我为中心的人，他所做的一切完全取决于他自身的感受，在这种心理的主导下，就算他做了一些伤天害理的事情，他的内心也绝对不会产生一丝一毫的愧疚与悔意。正因如此，他完全不会停止伤害他人的暴行，也不可能站在别人的角度去思考问题，所以这种人极度危险。

事实上，就在梅雷亚德的结婚晚宴上，她的父亲就看出了一些端倪。父亲发现，米克很喜欢围着其他女性打转，很多时候都将自己的新婚妻子放在一边不予理会，在举行晚宴的整个过程中，梅雷亚德有大半的时间都独自待着。父亲的直觉告诉他，米克似乎不是女儿的良配，但作为一位父亲，他又希望事情会向好的方向发展，希望米克会逐渐收敛，希望是自己看错了人。

等到米克·菲尔伯特 40 岁的时候，菲尔伯特一家已经养育了 5 个小孩。在这些年里，米克总是习惯性地挑选那些能够被他控制的女孩作为自己的妻子，这些女孩的年龄普遍在 17 ~ 19 岁之间，梅雷亚德显然就很符合这一要求。和米克结识的时候，梅雷亚德刚和虐待她的前男友分手，米克趁机接近她，并假装支持她，但他这样做的目的只不过是想要合法得到梅雷亚德，然后再对她实施虐待。

认识米克的人都觉得他是一个能说会道的人，他善于表达，经常会对一些不经世事的年轻女孩说一些甜蜜的话，并借此赢得对方的欢心。等到这些年轻女孩信任米克之后，他就会趁机与对方同居，然后开始尝试控制对方。米克必须满足自己内心深处的变态控制欲望，他会控制伴侣在生活中的行动、财务及其他各个方面。

在生活中，米克一直扮演发号施令的角色，他会指挥伴侣做他想要对方做的事情，伴侣如果想要购物或者外出，都必须向他请示，否则他就会大发雷霆，并对她实施暴力。米克的恶性被公之于众之后，犯罪心理专家曾研究过他的言行。专家认为，米克其实是一个内心中充满恐惧的人，他害怕别人拒绝自己，也无法忍受被人拒绝，他很敏感，所以在感情生活中就很容易受伤。

2000年，梅雷亚德和米克结识，相识之后，梅雷亚德就被米克迷倒了，她与米克同居并搬到胜利路18号定居。从表面上看，这段关系是很幸福的，实际上却完全是另外一回事。梅雷亚德并没有感到幸福，她面临着的是无休止的控制与虐待以及对米克深深的恐惧，很多人曾向她伸出过援手，就连她的邻居都想要帮她逃离这种生活，但梅雷亚德始终不敢离开米克。

梅雷亚德在当地的一家医院做清洁员，虽然工作比较繁重，但每当工作的时候，她都表现得极为开心。只是，下班之后，梅雷亚德就会变得沉默，她必须面对家中的变态丈夫，承受对方无休止的暴力行径。据梅雷亚德的邻居回忆，每当夜幕降临，梅雷亚德就会遭受虐待，其中有一次，梅雷亚德还不得不躲到车库内。只是梅雷亚德从不向他人提起这件事，在某种原因的影响下，她一直都在替米克隐瞒。

2002年，梅雷亚德家的家庭情况变得越发复杂起来。米克让他16岁的情妇搬到家中与梅雷亚德一同居住。2003年，米克和梅雷亚德结婚的时候，米克的情妇还是梅雷亚德的伴娘。米克的这个情妇也给他生了孩子，事情发展到后来，米克家中一共有11名孩子同住。米克家的奇特现象让整个社区的人都开始关注这个家庭，而米克似乎十分享受这种被关注的感觉。

2006年，媒体公开采访米克一家。米克很享受这种被人采访的感觉，他还希望能够借着被采访的机会得到社会救助，更换一栋面积更大的房屋来居住。当时，虽然社会舆论并不认可米克的这种行为，但也没有人出面指责他。大部分人这样认为：米克的情妇和妻子是自愿与米克生活在一起的，只要孩子们和两个女人没有出事，人们就不必去管这件事。

因为居住的空间很拥挤，米克就住在停靠在房屋门前的露营车上。米克还命令梅雷亚德和他的情妇轮流来到房车里与他同居，服侍、照顾他的生活。因为父母之间存在这种变态畸形的关系，所以孩子们的生活并不愉快。虽然他们并没有缺吃少穿，但祸根早已种下。

2012 年 5 月 11 日凌晨，灾祸降临到这个家庭。一场火灾突然发生，这场无情的火灾带走了六个孩子的性命。案发后，警方立案调查，立即发现这起火灾事故背后另有隐情。原来，早在 2012 年 2 月，米克的情妇因为无法从法律上得到名分，突然醒觉，她决定与米克撇清关系。

下定决心后，米克的情妇就带着她生育的五个孩子离开了。米克不能忍受情妇离去，但他又没有能力阻止。从那以后，米克就开始说一些怪话，他总说自己要怎样怎样，要让情妇和孩子们都重新回来，还会怪罪梅雷亚德，认为如果不是梅雷亚德，情妇是绝对不会离开自己的。

米克决定夺回五个孩子的抚养权，5 月 11 日，法庭展开聆讯，但聆讯当天，双方全部缺席。当天清晨，米克家的邻居看到了这样一幅情景。一股大约一尺多高的火焰从米克家的大门里窜出，火势很大，米克家的大门已经被烧透，滚滚浓烟从窗子里冒出来。邻居看到米克家门外站着一位衣着整齐的妇女，就大声询问米克和孩子们的状况。这位妇人则表示，米克和孩子们还待在房屋里。

短短几分钟的时间，整栋房屋都开始燃烧起来。但邻居们依旧不愿放弃，他们绕着米克家的房屋四处打转，希望能够找到进入房屋实施救援的机会。其中一名身强体壮的邻居跑到米克家的后门处，发现这扇门被一辆露营车堵住了。邻居急忙跳上车，想要站在高处查看屋内的情况。

这位邻居跳上车后，就看到米克和梅雷亚德待在房子后面的花园里。因为事发紧急，所以邻居也没有多想，他大声询问孩子们的方位，米克说孩子们还在睡房里，但此时大火已经无法控制，整个火场里只有滔天烈焰和让人窒息的浓烟，没有人可以安然无恙地从这样的火场里救人，一切都已经晚了。最终，这场大火还是夺去了6名儿童的生命，这些孩子最大的只有10岁，最小的才5岁。

等到火被扑灭，邻居们开始质疑米克夫妇的行为。在这场火灾中，米克和梅雷亚德什么都没有做，当邻居们尝试着冲进火场的时候，孩子们的亲生父母却一直在袖手旁观。火灾发生时，有位邻居还看到米克从容地从花园后门走出来，径直站在表情呆滞的梅雷亚德身边，他似乎一点也不担心孩子们的生命安全。

大火被扑灭后，警方也开始寻找诱发这场火灾的原因。很快，就有证据证明这场火灾并非意外。经过初步调查，警方确认，起火的地点在大门处，火势从这里燃起，但这个地方很空旷，缺少助燃物。在进一步调查之后，警方确信，这明显是有人蓄意纵火。得出这一结论之后，警方立即立案调查，很快就有两名嫌疑人落网，其中就包括米克的情妇。

在后续的调查工作中，警方发现米克的情妇和另外一个被拘捕的人与这场火灾并没有联系，两个人被无罪释放。因为这场火灾夺去了6个孩子的性命，所以当地人都很同情孩子们的父母，米克夫妇也表现得十分悲痛，但他们又做出了一些古怪的举动。

米克经常借助媒体公开采访的机会向社会各界求助，并从流浪者协会那里拿到了数千英镑的救助金，此外，米克还到处借钱，他还希望有超级市场能够给他提供衣物。其中有一家超级市场愿意给他提供衣物，但米克拒绝了对方，拒绝的理由是这家超级市场给他的衣物不美观。此时，米克夫妇还不知道他们已经成了警方调查的重点。

拿到钱后，米克夫妇开始大肆购物，他们去酒吧唱卡拉OK，去胜利路的烧烤店吃烧烤。米克夫妇的古怪行迹进一步加重了他们的嫌疑，警方开始监视他们的行踪，并在他们居住的酒店房间内安装了监听设施，期望能够从中得到指控这对夫妇的证据。米克夫妇并不知道自己的行为已经引起了警方的关注，他们公然在酒店房间内伪造供词，希望能够凭借一致的口供洗脱嫌疑。

5月29日，火灾发生两周之后，警方掌握了足够多的证据，米克和梅雷亚德被逮捕，罪名是涉嫌纵火罪及6项谋杀罪。与此同时，米克的朋友保罗也因案发当晚长时间待在事发房屋内而被警方逮捕。在即将开始的法庭审判中，检方律师、证人及专家将会揭露火灾发生当晚的恐怖经过和这对父母杀死自己孩子的可行性动机。

法庭开审之前，警方还录取了米克夫妇及米克朋友保罗的口供。在这三人的口供中，他们分别用“橙红色”形容火焰的颜色，用“噗”

的一声形容火焰燃烧时发出的声音。在警方看来，“噗”的一声其实是在描述他们点火时发出的声音。米克的供词与梅雷亚德的供词几乎完全相同，因为三人的口供相似度过高，所以检察官明确指控三人串供，这三人的口供也将成为证明他们罪名成立的证据。

2013 年 2 月 11 日，米克夫妇和保罗被送上法庭，随着审理开始，胜利路 18 号惨剧的全过程被慢慢公开。案发前，米克就曾托保罗购买一桶汽油，案发当晚，又故意伪造成某人在大门信箱处倒进汽油的假象。事实上，米克夫妇只在房门口倒了一部分汽油，其他的汽油则被弃之不用。等一切安排妥当之后，米克动手点火，等到大火燃起之后，米克再拿起灭火器救火，并借此成为英雄。最后，凭借着孤身灭火的这项殊荣，前去与情妇争夺孩子们的抚养权。

可惜事与愿违，火势迅速失控，这其实与米克之前在家中进行的装修工程有关。米克用游艇漆涂装房屋，这种漆易燃，本就不应该用在室内。再加上米克在门口处倾倒了数量不少的汽油，所以点火后，火势瞬间失控。警方在还原案情之后，又向法庭提供了一项关键证据。经实验证明，三位被告在火灾发生当晚所穿的衣物上都沾有少量汽油残留物，虽然这些残留物不多，但该种汽油与火灾现场内用来引火的汽油种类相同。

这项关键证据和其他证人提供的口供足以证明一切，陪审团很快就做出了决断，三名被告的罪名成立。米克 · 菲尔伯特是纵火案的策划者及执行者，他被判终身监禁。梅雷亚德 · 达菲和保罗 · 莫斯利因参与谋杀而被判入狱 17 年。

犯罪心理解析：极端自我者的暴行

这是一起性质极其恶劣的谋杀案，受害人是6名无辜儿童，他们有幸降临到这个美丽的世界上，却从未体会到伟大的父爱和母爱。这些孩子们的父亲米克是畸形且变态的，他有极强的操控欲望，而孩子们的母亲则屈服于米克的淫威之下，最终成为米克实施罪恶的助手，亲手杀死了自己的亲生孩子。

犯罪心理专家告诉我们：纵观全案，可以看出米克是一个极端自我的人，这种人的所作所为完全是以自身为出发点的，他所做的一切都是为了自己，绝不会考虑其他人的想法和感受。所以，当你明白这一点，就可以理解他的行为。像米克这类人是完全不会考虑自己的行为会给他人带来怎样的痛苦的，即便是米克知道这种影响，他也完全不会在乎。

过往失败的婚姻进一步说明米克是一个有着极强强迫和虐待倾向的变态男人，他的变态控制欲望是常人所不能理解和承受的，但梅雷亚德慢慢习惯了这种生活，她甚至不敢离开米克，即便被米克反复折磨，她都下意识地想要替米克说话。从某种程度上来讲，梅雷亚德已经完全沦为米克的工具，她会无条件听从米克发出的指令。

米克和梅雷亚德及情妇之间的扭曲情感是诱发这场惨祸的根源。父母之间存在着极为扭曲的情感，那么孩子们在相处的时候也不会很快乐。米特的情妇在发现自己无法得到法律意义上的认可后，决定与米克断绝关系，并将她生养的5个孩子带走，她的这个决定是很正确的，但同时也击中了米克的软肋。

犯罪心理专家指出：尽管米克一直在扮演施虐者的角色，但事实上，他只是一个自私、懦弱的胆小鬼，他只敢向弱者出手，只敢对臣服于他的人发怒，如果对方决心反抗，米克立刻就会变得束手无措。另外，米克还有残暴冷血的个性，但这种个性也只在面对臣服于他的人时才会展现。米克不能容忍情妇离开自己，但他没有办法阻止对方。在这种情况下，米克才想到了纵火并成为灭火英雄的戏码。

所以，导致这场恐怖灾难的表面原因就是米克想要成为灭火英雄，但这并不是导致6个孩子遇害的真实原因。虽然这次纵火事故有偶然因素，但其行为之恶劣与蓄意谋杀案无二。米克在纵火之前不可能没有想到过事态失控的后果，但他依然这样做了。除了因为他生性冷酷暴虐，还与他迫切地想要利用纵火这件事恐吓情妇有关。米克想要用这种手段逼迫情妇向他屈服，只要情妇重新回到他的身边，纵火的目的也就达到了。至于纵火会产生怎样的后果，米克绝不会顾忌。

也就是说，米克纵火的真实动机是他想要借着纵火来达成恐吓情妇的目的，如果火焰被他扑灭，那他还可以顺势成为“救火英雄”，并借机拿到另外5个孩子的抚养权；如果事态失控，米克就会撇清关系，而恐吓情妇的目的势必也能够达到。至于梅雷亚德，她只能算是这场惨祸中的某种工具，和保罗同为从犯。但保罗与她不同，保罗可能因为其他利益纠葛被米克利用，而梅雷亚德只是无条件服从命令。

犯罪心理揭秘

在母亲死亡的阴影下

——曼彻斯特“死亡医师”

曼彻斯特市是一个十分繁华的大型都市。在英国，这个大都市是很多人向往的好去处，但在20世纪90年代末，曼彻斯特市曾经出现了一个十分邪恶、恐怖的变态连环杀手。这个连环杀手的作案手法非常特殊，他一般只对中老年妇女下手。

凯瑟琳·古兰迪夫人家住海德区，她是一个热衷公益的好心人。每周，凯瑟琳都会去社区报到，然后参加一些义务劳动。对凯瑟琳而言，做义工是一件很令人快乐的事情。但近些日子，凯瑟琳一直没有露面，也没有人知道她在做些什么。自从丈夫去世之后，凯瑟琳一直寡居，一个人的生活十分无趣，所以她很喜欢结交朋友。一有空，凯瑟琳就会邀请好友到她的豪宅里聚会。

多年相处下来，凯瑟琳慢慢结交了两名挚友，为了方便见面，三个人都有对方家里的房门钥匙。凯瑟琳的这两名挚友也和她一样经常参与义务劳动，所以在凯瑟琳迟迟没有露面的情况下，她的朋友们决定去她家里查看情况。1998年6月24日上午，凯瑟琳的朋友们打开了她家的大门。

走进房间后，朋友们一眼就看到了蜷曲在客厅沙发上的凯瑟琳。阳光透过沙发后面的落地窗洒进来，将整个沙发照得亮堂堂的。在这晃眼的光晕里，凯瑟琳似乎正在午睡。但是，等朋友们走近之后，她们发现凯瑟琳的脸色十分苍白。一位朋友以为凯瑟琳生了病，她轻轻唤了一声凯瑟琳的名字，却没有得到回答。另一位朋友觉得事情有些不对劲儿，她推了推凯瑟琳，却惊恐地发现，凯瑟琳的身体早已僵硬，身体也早已没了温度。

81 岁的凯瑟琳 · 古兰迪死了。虽然凯瑟琳年事已高，但这个消息对社区内的人来讲还是有些突兀。社区内的人们都不愿相信这个平日里十分健康活跃的和善老人竟然就这样悄无声息地去世了。熟悉凯瑟琳的人都知道，这位老太太从不生病，她没有隐疾，身体一直很健朗，就在两周之前，她还参加了一次旅行。只不过，事情既然已经发生了，人们还是逐渐接受了这一事实。从始至终，人们都没有对这件事产生怀疑。

凯瑟琳下葬不久后，坐落在海德区另一端的一家小型律师事务所收到了一封信。信封内放着的是凯瑟琳 · 古兰迪的遗嘱，在这份遗嘱里，凯瑟琳夫人将她的全部财产留给了她的医生哈罗德 · 希普曼。虽然遗嘱内交代得很清楚，但律师事务所的律师们感到有些奇怪，因为这份遗嘱的语法非常差，而凯瑟琳生前也从未与他们打过交道，那她为何又要将遗嘱寄到这里呢？虽然律师们都知道哈罗德是谁，但他们还是不太放心。

52 岁的哈罗德 · 希普曼略显老态，他留着络腮胡，花白的胡子衬得他有些沧桑。哈罗德有 4 个孩子，这些孩子都已经长大成人。20 多年来，哈罗德一直是海德区最有名的医生。在海德区，哈罗德开了一家名为“手术”的诊所。因为哈罗德的名声很好，所以当地人一旦患病，就会去哈罗德的诊所就医。在当地人的认知里，哈罗德是一个态度认真又十分专业的好医生。每当有病人就诊，哈罗德就会戴上眼镜仔细检查患者的身体情况。

为了能够确保万无一失，律师们又联系了凯瑟琳的亲生女儿安吉拉 · 伍德拉夫。在律师讲明前因后果之后，安吉拉选择报警。警方介入调查后，发现这份遗嘱是在古兰迪死前几周立下的，但见证人却不记得签署过这份遗嘱。更让警方感到怀疑的是，希普曼医生可能是古兰迪生前见到过的最后一个人。在这个时候，这份神秘的遗嘱不由得让人们开始怀疑凯瑟琳 · 古兰迪的死因。

想要弄清楚事情的真相，警方只能想到一个办法——开棺验尸。但是，开棺验尸这个决定将会给凯瑟琳的家人再次带来伤害。经过艰难抉择，凯瑟琳的家人终于同意开棺验尸。1998 年 8 月 1 日凌晨 4 点左右，警方挖出了凯瑟琳 · 古兰迪的尸体。当天清晨，验尸官就对凯瑟琳的尸体进行了尸检作业。初步尸检并没有得到明确的结论，验尸官只能判断出受害人并非自然死亡。

随即，受害人的身体器官被送到犯罪实验室内做进一步的检验。在等待检测结果的时候，警方又搜查了哈罗德 · 希普曼的诊所。伯纳德 · 帕斯特莱斯警探负责此次搜查行动，他的目的是从哈罗德的诊所内找到类似遗嘱或者空白遗嘱之类的东西。警方在诊所内找到了一台打字机，并在打字机内发现了一些已经被打印出来的纸张。帕斯特莱斯警探下令将打字机和打字机内的纸张带回警局。回到警局后，警方马上开始比对取自打字机内的纸张上的文字特征和遗嘱信件里的文字特征。

经过连续数周的比对，警方发现，打字机内的纸张文字特征和遗嘱上的文字特征完全相符，警方可以断定，这份遗嘱就是出自这台打字机。而且，警方请来的笔迹专家可以证明，古兰迪夫人的签名也是伪造的。此外，警方还在这份遗嘱的边角上发现了一枚指纹，经过比对，这枚指纹属于希普曼医生所有。现在，侦查人员相信，遗嘱是由希普曼医生伪造的。

紧接着，进一步的验尸结果也出来了。检验员从受害人的遗体器官中发现了大量吗啡，这意味着凯瑟琳是被人谋杀的。1998 年 9 月 7 日，警方逮捕了哈罗德 · 希普曼医生。被逮捕后，希普曼坚称自己是无辜的，他的性格十分傲慢，所以审讯过程并不顺利。希普曼从不正眼看待侦查人员，在后续的审讯中，他甚至还跟警方玩起了文字游戏。

比如，当警方问他“受害人是因为服用了大量吗啡或海洛因而导致死亡，你作为受害人的主治医师，又该怎样解释这件事”的时候，希普曼这样回答道：“我说过了，我也曾经怀疑她在滥用药物，嗯，可能是某种神经科药物。”总之，希普曼从不会正面回答警方提出的问题，他会尽力撇清干系，让警方不能从他的供词中找到漏洞，这样他就有机会逃脱法律的制裁。

就在审讯进展不顺的时候，当地媒体收到了一份线报。记者米凯拉 · 斯蒂夫德亲自前往海德区进行调查。米凯拉找到几位老年妇人，这些妇人给她讲了一个很恐怖的故事。老妇人们说：其实，希普曼是一名死亡医师，有很多居住在海德区的老妇人在他手上去世了。

几天后，米凯拉刊登了这次采访的内容，她的这篇文章在当时引起轩然大波，当地居民大都不愿相信这个事实，但也有些人开始怀疑。这些人的母亲大都已经过世，但仔细回想起来，他们的母亲过世时都死得非常蹊跷，于是，这些人相继拨通了警方的报警电话。就这样，个人担忧演变成大众恐慌，警方在仔细甄选后，又先后立了11起死因可疑的案件。随即，这11名死者的尸体被警方挖出，并火速送往犯罪实验室进行化验。

这个秋天，好像所有的尸体都被挖了出来。记者米凯拉曾目睹警方挖尸的全过程。当时，整个墓地都被警方围了起来，民众和记者只能站在墓地外围的栏杆处向内观望。凌晨三四点钟的样子，墓地里支起了很多顶白色帐篷，从外面看，帐篷内影影绰绰，使得整个墓地都充斥着一种阴森恐怖的氛围。事实上，这是警方正在将挖出的尸体放进帐篷中处理，他们要在用于化验的遗体器官上打上标记，然后再将这些实验样本运走。

取得样本后，犯罪实验室全力工作，经过多次检验，化验员确定这些死者体内都含有大量吗啡，也就是说，这些受害人也是被人谋杀的。经过调查，警方可以确定，这些受害人死前都曾到希普曼医生的诊所就诊，所以警方有理由相信这些案件之间是有联系的，而哈罗德·希普曼极有可能就是制造这一系列死亡事件的恐怖连环杀人魔。

现在，警方必须弄清楚几件事情：第一，希普曼为何会从一个治病救人的白衣天使转变成让人闻风丧胆的杀人恶魔？他这样做的目的是什么？第二，希普曼为何会对吗啡这种药物情有独钟？他下手的对象又为何都是老年妇人？这背后有怎样的隐情？

吗啡是一种麻醉型药物，通常被用来止痛，但这种药物也经常让人们想到死亡、毒品等一系列恶性事件。现在，侦查人员可以肯定，希普曼就是借着为病人治病的机会给病人开具或注射含有大量吗啡的药物，服用这些药物后，病人会毒发身亡。警方还仔细调查研究了希普曼的生平。哈罗德·弗雷德里希·希普曼生于 1946 年 1 月 14 日，他在工业城市诺丁汉的一间廉租屋中长大。父亲老哈罗德是一名卡车司机，母亲维拉是家庭主妇。希普曼家对孩子们的要求很高，父亲主张对孩子们一视同仁，但母亲维拉则更看重希普曼。

在希普曼的求学生涯中，母亲维拉一直很照顾他，她会亲自开车接送希普曼上下学，并花时间督促希普曼学习。在学习空暇的时候，母亲维拉还会给希普曼做一些甜点，为他补充能量。希普曼也没有辜负母亲对他的期望，他天资聪慧，很多东西一学就会。渐渐地，希普曼在医学和法律方面展现出了远超常人的天赋，这让维拉更加相信，自己的儿子将来一定会成为一名社会精英。

在母亲维拉的支持下，希普曼进了市里最好的小学，但他并不是班里学习最好的尖子。1963 年，希普曼的母亲患上癌症。为了给母亲治病，希普曼的父亲和姐姐都在外务工，这样一来，照顾母亲的重任就落在了希普曼身上。此后，希普曼的学业也受到了影响，每天放学，希普曼都要帮忙做家务，照顾母亲吃药。但母亲的病情逐渐加重，普通药物已经难以起作用。每天，维拉都要承受巨大的痛楚，但她还是一如既往地爱着希普曼。几乎每天维拉都会忍着痛楚独自坐在窗前，等着希普曼放学。

警方发现，希普曼的母亲一直靠服用吗啡来缓解疼痛。每天晚上，医生和护士就会来到希普曼家，他们会给维拉注射一针吗啡，用吗啡的药效来帮助维拉减轻痛楚，让她尽可能睡得安稳些。在学校，希普曼从来都不会谈及他的家庭，他的话很少，也从不参加其他同学举办的聚会，所以同学们都觉得他是一个高傲、冷淡、难以相处的人。正因如此，希普曼在学校里没有朋友。

希普曼并不是一个好斗的人，但他在橄榄球场上却表现出了另一副面孔。一旦希普曼在球场上扑倒对手，他就会死死按住对方，不让对方有丝毫喘息之机，就像职业赛场上的橄榄球后卫一样凶悍。1963年6月21日，维拉·希普曼不幸离世。17岁的希普曼目睹了母亲离去的全过程。希普曼徒劳地看着母亲的身体慢慢变凉，直至僵硬。他号叫着冲出房门，冲进黑夜，拼命狂奔。当晚，天空下着暴雨，希普曼独自狂奔，他希望可以用这种方法宣泄心中的痛楚，但他无论如何也忘不掉母亲去世时的情形。

等到第二周开学，希普曼就重新回归到正常的生活中，他甚至可以很冷静地告诉同学，他的母亲去世了。犯罪心理专家朱利安·布恩认为，这是一种埋藏个人情感的做法。希普曼会独自守着自己的情绪，只给别人看他想要对方看到的。高中毕业后，希普曼遵从母亲的心愿，以非常优异的成绩考上了利兹大学医学院。1965年秋，希普曼来到这所大学，开始了为期五年的求学生涯。

大学生活开始后，希普曼就交了一位本地女友——普罗兹·奥托比。普罗兹本是一名橱窗设计师，从身份地位上来讲，她和希普曼并不在同一个阶层。但是，两个人之间的关系突飞猛进，他们迅速确立了恋爱关系，并开始同居。1966年春，17岁的普罗兹怀孕了。同年11月，这对年轻情侣在当地注册结婚。从此以后，希普曼就一边求学，一边照顾家庭，但家庭琐事并没有影响希普曼的理想抱负。

1970 年，希普曼以优异的成绩毕业离校，然后就在利兹大学附近的一家医院完成实习。1974 年，希普曼开始当全科医生。在之后的 24 年里，希普曼主要负责治疗流感和一些更加严重的疾病。很多时候，当病人不幸离世时，他在场。就这样，希普曼逐渐对死亡产生了浓厚兴趣，他一改治病救人的初衷，开始利用治病救人的机会来满足他的杀戮欲望，并试图从中找到快感。

如果你想要成为一名连环杀手，那你首先就要学会蔑视生命。很显然，希普曼就是这样的人。哈罗德 · 希普曼始终无法抚平母亲去世留给他的伤痛，现在他已经开始利用职业之便杀人。那么，希普曼到底是通过杀人来发泄、报复社会，还是通过杀人来摆脱母亲死亡的阴影？他又是如何伪装自己，让病人乖乖听从他的命令，一步步走向死亡的呢？

1974 年，在英国西约克郡，哈罗德 · 希普曼还只是一个渴望从医的医学生。当年，希普曼来到托德莫登的一家小诊所任职。据希普曼的前同事麦克 · 格雷威回忆，当时，希普曼是一个十分勤快能干的好助手，他的求知欲很强又很有医学天赋，所以他很快就能独立出诊了。没过多久，希普曼就混出了名声，他关心病人，医术又好，还经常主动上门服务，当地人都喜欢找他看病。

和其他医生一样，希普曼的病人也会死，这些死亡的病人大都是老年病人或者其他患有慢性病的患者，病人的死亡并没有让希普曼感到气馁，他依旧奋斗在第一线。但希普曼也有一些怪癖，比如他凡事都喜欢亲自动手，本来可以由护士去做的事情也必须由他亲自动手才行。希普曼会亲自给病人抽血、打针，他的这种认真、负责的举动再次赢得了患者的认可。

因为希普曼经常疯狂工作，所以他会时不时地出现晕倒的症状，其他同事都以为他患有癫痫，但事实上，希普曼并没有这种疾病。一位同事曾偶然发现，希普曼在药房内伪造了十几份药方，其中就有一种止痛药。被同事发现后，希普曼立即解释说这种药是他留给自己用的，他对这种药有药瘾。希普曼希望同事不要将这件事说出去，他会慢慢戒掉药瘾，一切都会好起来，但同事拒绝了希普曼。希普曼只能辞职，被送去接受治疗。

半个小时后，希普曼突然回到诊所，他大声说道："我不会辞职，我要看好我的钥匙！"说完，希普曼就将手中的提包狠狠地摔在地上。犯罪心理专家认为，希普曼的性格有些缺陷，这可能和他不善于与人交流有关。在希普曼的认知里，同事本应该帮他，但同事并没有这样做，希普曼不清楚为什么会这样，所以他就像任性的小孩一样大发脾气。最后,希普曼拿到了一封由律师事务所寄来的信,他才不得不辞职，前往医院接受治疗。

三个月后，希普曼成功戒掉了药瘾。1976 年 2 月，哈罗德 · 希普曼承认了 8 项滥用药物的控罪，他交了 600 英镑罚款，所以他并没有被拘入狱。医院批示说，希普曼的药瘾已经被治好了，所以医学理事会允许希普曼继续行医。一年半后，哈罗德 · 希普曼被海德区的唐尼 · 布鲁克医院聘用。在这里，希普曼再一次树立了良好的医生形象，当地居民都很喜欢他并且认可他的医术。

当地年长的患者会四处夸耀希普曼，说他是唯一愿意听患者倾诉的好医生。从外形上来看，希普曼并不是一个有魅力的男性，但他凭借行医迷住了很多病人。一旦希普曼接诊，他就会在很长的一段时间里，一次又一次地亲自造访患者，查看患者的恢复情况，他的这种行为让患者们十分感动。但在警方看来，这一切都是哈罗德·希普曼故意表现出来的，他就是通过这样的手段来获得患者的信任，然后悄然实施他的杀人计划。

如果仔细调查就会发现，希普曼专做家庭出诊，他尤其喜欢去那些老年寡妇家中出诊。在为患者诊治的时候，希普曼会找个理由给患者注射药品。一般情况下，患者会听从医生的命令，并在接受注射后对医生表示感谢。等患者即受害人表达过谢意之后，她们就会看似安详地死在沙发上。

警方发现，希普曼最喜欢看病人死亡的那一刻，在这一刻，他似乎是可以掌控他人生死的神明。一次又一次，这些老妇人死在客厅的椅子上，当她们被家人发现时，放在身旁茶几上的茶水早就冷了。因为受害人死亡时神态安详，所以没有人会怀疑希普曼，大家都以为是这些老人的生命走到了尽头。

每次杀过人之后，希普曼还会伺机重回案发地点，为了确认受害人的尸体是否已经被人发现，或者她的尸体是否被人送进了医院；受害人的死到底有没有引起警方的注意，警方是否会安排法医对死者进行尸检，等等。对海德区的居民来说，希普曼一家一直很正常，他家的孩子都很有教养，学习成绩也都不错。普罗兹也很喜欢当医生夫人的那种感觉，但她似乎并不热衷于整理家务。

1991 年，哈罗德 · 希普曼突然宣布辞职，他准备开一家只属于自己的诊所。1992 年，哈罗德 · 希普曼医生在商业街 21 号开了一家私人诊所，因为希普曼的名声很好，所以诊所一开张，就有很多病人前来就医。大批病人前来就诊，这在无形中让希普曼建立了绝对的威信，病人们会绝对遵从他的意愿。希普曼自然就拥有了更大的主动权，他会借着这种优势，继续实施谋杀。

海德镇居民布莱恩 · 迪恩对希普曼医生的印象很好，所以他才将自己的母亲从医院转到希普曼医生的私人诊所接受治疗。但布莱恩并不知道，20 多年以来，这名医生一直借着职业之便谋杀他的患者。1998 年 2 月 27 日，迪恩的母亲死在了房间内。第二天早上，迪恩去了希普曼的诊所。希普曼医生打开电脑给迪恩看了他的约诊记录，然后告诉迪恩，他的母亲患有冠脉血栓或心脏病，他原本正在给她安排手术。此外，希普曼还对迪恩说，他的母亲最近一直拒绝吃药。

迪恩有些不知道该怎么办，他求助地问："那么，要不要验尸？"希普曼被迪恩的话吓了一跳，他急声说道："不用，不用验尸，明天我就能找到答案。"1998 年，其他医生在签署希普曼医生提交的火葬单时对他产生了怀疑。在英国，死者火葬需要两名医生在火葬单上签字，一名是主治医生，另一名则以示公正。这名负责公证的医生发现，希普曼医生提交的火葬名单太多了，于是其他诊所的医生都开始拒绝签字。

事实上，在此阶段，希普曼每个月都要谋杀三个人，他的杀人频率正在加快，只有这样他才能持续从杀人中获得快感。后来，有医生在咨询过法医后，向警方报了案。警方秘密展开调查。几周后，警方并没有找到希普曼作案的证据，有部分警探也不愿意相信一名中产阶级医生会冒着被法律惩处的危险连续杀害这么多人，因此，警方决定放弃调查。但警方并不知道，他们的这个决定错失了一个可以揭露希普曼真面目的机会。

原来，因为调查终止，警方并没有在全国犯罪系统中检索哈罗德·希普曼，因此也无法得知希普曼在1976年因滥用药品被定罪的记录。如果警方掌握了这一信息，他们就可能继续调查希普曼，并有机会救下最后三位受害者。其实，当时还有一名出租车司机怀疑希普曼。这位出租车司机经常拉老年妇人，但自从希普曼开了那家诊所之后，这名出租车司机的客人就开始迅速减少。虽然这名出租车司机很怀疑希普曼，但他只是一名出租车司机，他知道自己的身份地位无法和希普曼相比，所以他始终没有将自己的怀疑讲出来。

最后，希普曼自作聪明，借凯瑟琳的身份伪造遗嘱，他的这一拙劣行为让警方再次展开对他的调查，这一次，希普曼在劫难逃。随着调查工作的深入，警方又在希普曼的电脑文件中找到了一些关键线索。

警方发现，希普曼一直在修改出诊记录，每次出诊后，希普曼就会修改出诊电子记录的时间。比如，希普曼给迪恩母亲检查身体健康状况的出诊记录是他在迪恩母亲死后的第二天清晨伪造的。警方终于确定，希普曼就是“死亡医生”。在侦讯中，警方拿出受害人温佛雷德·米勒在1998年5月11日的死亡记录与希普曼对质。但希普曼依旧百般抵赖，说这些记录并不是他制作的。

此外，侦查人员又让希普曼解释米勒死后的医疗记录。此刻，希普曼已经知道警方掌握了他伪造病历的证据，这让他十分着急。虽然他依旧百般抵赖，但此刻，他已经开始慌了起来。希普曼请求休息片刻，审讯人员知道他的心理防线即将崩溃，就同意了他的请求。几分钟后，希普曼认罪，但他拒绝交代任何问题。

1999 年 10 月 5 日，星期二早晨，哈罗德 · 希普曼因谋杀 15 位病人被送上法庭，接受审判。此时，希普曼又开始坚持宣称自己是无辜的。现在舆论已经站在了希普曼的对立面，大多数人认定希普曼是有罪的。检方一共指控了 16 项罪名，分别是 15 项 1 级谋杀罪和 1 项伪造遗嘱罪。在庭审过程中，很多受害人的子女出庭指证希普曼。他们的指证让世人看清楚了这名“死亡医师”的真面目。

即便有数不胜数的证据指证希普曼，但他始终都没有甘心服法。希普曼坐在被告席内，一边听证人指证他的罪行，一边做笔记。希普曼还会时不时地给辩护律师下达指令，让辩护律师按照他的意思去办。在举证阶段，检方出示了希普曼伪造的遗嘱、开棺验尸的检验结果以及希普曼伪造的病历记录。在这些证据的证明下，陪审团的意志更加向检方倾斜。

11 月 25 日，在庭审进行到第 26 天的时候，希普曼出庭自证。希普曼告诉法官和陪审团，那 15 名受害人全部死于心脏病、肺炎或癌症等疾病。希普曼还当庭宣誓，表示自己从没有谋杀过任何人。1 周后，控辩双方开始交叉质询，检方当庭质问希普曼，为何受害人的体内有大量吗啡。刚开始，希普曼还解释说：“凯瑟琳是吸毒者。”但他却不能将所有的受害人都污蔑成瘾君子。

事实上，警方早就化验过凯瑟琳和其他受害人的头发。化验结果显示，凯瑟琳和其他受害人并没有滥用毒品的历史。现在，法庭已经有了答案。2000 年 1 月 31 日，陪审团宣布检方指控的 15 项谋杀罪名和 1 项伪造罪名全部成立，罪行被裁决后，希普曼被判处 15 个连续的终身监禁，且永远不得假释。

2000 年 2 月，被定罪的连环杀手哈罗德 · 希普曼进入弗兰克监狱服刑，但他依旧拒不认罪，也从来不向其他人解释他这样做的原因。每隔一段时间，警方都会到监狱中审问希普曼，但他拒绝回答警方提出的任何问题。犯罪心理专家认为，像哈罗德 · 希普曼这样的人是不会在审讯中招供的。随着时间的流逝，他或许会将这些事讲给身边的人听，这些人可能是看管他的狱警或者监狱里的医生。

从 2001 年起，英国就成立了一个特派小组专门调查哈罗德 · 希普曼的执业经历。经过调查，该小组提交的第一份报告震惊了整个英国。调查发现了 215 起谋杀案,另有 45 起疑似谋杀案。在海德富人区，希普曼杀害了琼 · 迪安、凯瑟琳 · 古兰迪及其他十余人。在奥登阁公屋区，希普曼杀害了莫林 · 沃德和其他 8 位居民。2003 年 5 月希普曼再次登上媒体头条。有人检举，说希普曼在监狱中照看老人。

一个月后，希普曼突然被移送到维克菲尔德监狱，在这里，希普曼被单独监禁起来。2004 年 1 月 13 日上午 8 时 13 分，哈罗德 · 希普曼自编绳索，在牢房中上吊自杀。希普曼用这种方式结束了自己的生命，也借此逃过了法律对他的制裁。这对受害人的家属而言是很不公平的，但他的死又在一定程度上安慰了受害者家属，似乎也是最好的结果。不管怎样，希普曼这个名字将永远被世人唾弃。

犯罪心理解析：以救赎的名义杀戮

这是一起连环杀人案，作案者是一名医生。在这起连环杀人案中，希普曼借职务之便疯狂杀戮老妇人。因为他是一名医生，而受害人又是身患疾病且年岁较长的老人，再加上希普曼选用的特殊杀人手法，使得受害人都没有感觉到死亡即将降临。正因如此，受害人才会面容安详地死去，而这也是受害人的意外死亡没有引起家属和其他人注意的主要原因。

就希普曼的作案手法而言，他制订的这一套杀人计划是非常完美的。在他的这套杀人计划中，受害人根本不知道自己会死，而他也无须使用任何暴力手段。这样，希普曼就不会在案发现场内留下任何罪证，受害人的家属也不会察觉到异常。但是，随着作案次数增多，每次杀人成功后，希普曼能够获得的快感也会逐渐下降，这就是他不得不连续作案、疯狂杀人的原因。

那么，在最初，又是什么原因让希普曼走上借医术杀人这条不归路的呢？犯罪心理专家认为，对希普曼而言，母亲是世界上与他最亲近的人，他本就没有朋友，和父亲、姐姐的关系也不是很亲近，每当他遇到困难，在背后支持他、鼓励他的只有母亲。所以，在希普曼的内心中，母亲是他在这个世上的唯一依靠。但是，母亲患上了癌症，希普曼目睹母亲被病痛折磨的全过程，这对他的心理产生了很大的负面影响。

最关键的是，希普曼目睹了母亲去世的全过程。多年以来，这幅场景一直在他的脑海中萦绕不去。他把自己的杀人行为美化成帮助老年病人摆脱病痛的折磨，这与他目睹母亲的不幸去世有关。除了母亲的死给希普曼留下难以磨灭的伤痛，希普曼本身还有很强的成瘾性，他会对某件事情着迷，在有些时候，这种着迷是致命的。最终，希普曼迷上了生命走向死亡的过程，他迫切地想要看到人慢慢死亡的情形，于是他开始借着职业之便杀人。

犯罪心理揭秘

枪口指向枕边人

——悉尼情杀惨案

1986 年 1 月 26 日，正值澳大利亚国庆假日，在澳大利亚港口城市悉尼市北部郊外的曼丽海滩上，数以万计的游客正趁着这个节假日来到海边玩耍。这里是新兴的冲浪胜地，很多人愿意将这里当成海滩游玩的首选地。

提到曼丽海滩就不得不提安德鲁·卡拉兹西，这位富商是这片土地上的“无冕之王”，他在这里经营了多家星级酒店，产业涉及多个层面，是这里最富有的商人。此外，安德鲁还担任着曼丽商会会长和旅游促进委员会主席等荣誉职位。作为地方经济的中流砥柱，安德鲁还热衷于慈善事业，相较富有，热衷慈善才是他赢得当地人尊重的重要原因。

在业界，很多成功人士给安德鲁的评价都非常高。安德鲁有很强的事业心，办事能力也非常强，头脑灵活，这位年轻的企业家对曼丽的发展做出了非常大的贡献。在当地，安德鲁是当之无愧的商业巨贾。安德鲁能够成就这样一番事业，他的妻子梅甘也出了不少力。作为安德鲁生意上的搭档和慈善事业上的助手，梅甘也是当地尽人皆知的著名人物，深受当地人的尊敬。

梅甘是一个非常善良温柔又宽厚的女士，在当地人的印象中，梅甘从没讲过谁的坏话，不管是在台面上还是私底下。也正是因为这些品质，才使得梅甘在当地人心目中的形象趋于完美。如果在当地发起一个最美女士的票选活动，梅甘绝对能够占据榜首，摘得这一殊荣。从表面上看，安德鲁和梅甘之间的感情也十分好，两个人过着相敬如宾、举案齐眉的幸福生活，但在这完美的表象背后，却隐藏着另一番阴谋。

原来，安德鲁早就厌烦了这段表面完美的婚姻。1 月 27 日，两人的婚姻即将迎来一个戏剧性的结尾。当天晚上，安德鲁和梅甘熄灯睡觉。梅甘很快就睡着了，安德鲁却毫无睡意，他侧躺着，眼睛一直盯着梅甘看，似乎是要做某种决定。就在这时，一名戴着头套的神秘男子悄然推开了安德鲁家的房门。

进入房间后，这名神秘男子脱掉脚上的鞋子，然后轻手轻脚地沿着楼梯走上楼去。楼梯的侧后方正对一扇玻璃窗，昏暗的光线透过窗子照在楼梯上。借着这束光亮，可以隐约看到这名男子的手上似乎端着一支枪。这名男子径直走进卧室，他站在梅甘身前，将枪械对准梅甘的头部，近距离下连开两枪。

梅甘当场死亡，当凶手冲着安德鲁睡觉的方向继续开枪的时候，安德鲁及时滚下床铺，侥幸逃过一劫。枪手放过枪后，并没有继续攻击安德鲁，他快速下楼，匆匆逃了出去。安德鲁不敢追赶行凶的暴徒，他按下报警器，等待警方救援。急救人员马克 · 戴维斯最先赶到案发现场。

据马克回忆，当时梅甘躺在床上，鲜血已经染红了半边床。还有一名男子跪坐在房间的角落里，看起来十分悲痛。赶到现场后，马克第一时间检查了梅甘的伤势，他发现梅甘已经没有了生命体征。等马克用棉签轻轻擦掉梅甘面部的鲜血后，立即看到两个致命弹孔。

总警监鲍勃·因特斯特奉命调查此案。等他赶到案发现场的时候，安德鲁已经身穿睡衣坐在楼下客厅内的沙发上，他的儿子小安德鲁和他的岳母梅·卡麦尔也在客厅内。来不及向安德鲁问话，鲍勃急忙赶到楼上查看情况。鲍勃注意到梅甘的左脸颊上有两个弹孔，这似乎是一起枪击命案。

鲍勃还注意到在安德鲁睡觉的方位上也有两个弹孔，这意味着凶手也曾向他开过枪。案发现场内并没有物品被翻动的情况，也没有财物损失，这意味着凶手是直奔受害人来的，所以这可能是一起有预谋的枪杀案。但鲍勃的经验告诉他，这起枪杀凶案似乎没那么简单。鲍勃从没有见过哪一起枪杀案里有妻子被害而同床而卧的丈夫却安然无恙的情况。即使凶手朝安德鲁开了枪，也并不能完美地解释一切。

在后续的调查问话中，安德鲁向警方反映，凶手很可能是从阳台上的窗户潜入卧室的，但警探们发现，这是一扇网格滑动窗。可能是不经常使用的原因，在打开这扇窗户的时候，滑动的网格会发出很响的声音，在深夜，这种声音足以惊醒受害人。但受害人并没有被惊醒，安德鲁也表示自己并没有听到异常声音。

安德鲁的证词不合理，这让警方对他产生了怀疑，但警方手中并没有任何证据能够证明安德鲁在撒谎，因为他们也不能断定，打开窗户的声音就一定能够惊醒熟睡中的受害人。但是，无论如何，警方还是认定这宗枪杀案应该是一起关联性谋杀案，也就是说，这起谋杀案的策划者或者说导致受害人死亡的真凶与受害人之间存在某种联系。

弹道专家可以确定，案发现场内的所有子弹都是近距离射击的，枪手开枪的时候，枪口与受害人之间的距离非常近，就安德鲁而言，枪口与他之间的距离不会超过一米。因为距离非常近，警方认为安德鲁没有逃脱的可能。警方还发现，枪手一直站在梅甘的这一侧进行射击，并没有转换过方位，也就是说，枪手两次开枪前后的间隔时间几乎为零。在这种情况下，即便是安德鲁已经被枪声惊醒，且反应十分迅速，他也不可能不中枪。

在随后的相关背景调查中，一个意外发现让警方再度警觉起来。就在梅甘遇害的 17 天前，梅甘曾在自家停靠车辆的车道上受到袭击。袭击者戴着黑色头套，持一把枪出现在梅甘身后，梅甘吓得尖声大叫，慌不择路地逃走了。安东尼是住在安德鲁家对面的邻居，他目睹了这一切，也许是因为枪手有些犹豫，也可能是怕惊动太多人不好逃离，所以并没有开枪，梅甘侥幸逃过一劫。

这个意外发现使安德鲁成了警方怀疑的重点，从当前的情况来看，行凶者的目标很明确，他可能是在某人的指示下蓄意除掉梅甘，也就是说，梅甘的死是早有预谋的必然结果。尽管警方尚没有任何证据证明安德鲁是策划这起枪杀案的幕后元凶，但警方依旧将他写到了重点嫌疑人的名单上。

警方经过连续几周的调查后，又发现安德鲁与另一名女子有染。虽然这可能是安德鲁谋杀梅甘的主要动机，但警方无法证明这一点。就在案子陷入困境的时候，警方的一名线人宣称自己知道该案的全部细节。这名线人叫乔治·卡内利斯，他不仅是一名职业罪犯，还是一名臭名昭著的职业杀手。

为了破获这起凶案，鲍勃亲自走访乔治。会面后，乔治就向鲍勃简要讲述了他在几周前与某位富商谈妥的一笔谋杀交易。乔治说，和自己碰面的是一个叫比尔·范登堡的人，这个人给他提供了一把带有消音器的 0.22 口径步枪和 5000 元美金。比尔向乔治承诺，只要他能够干掉梅甘，就会收到一笔数额巨大的尾款。

收到钱后，乔治驱车前往曼丽，他悄然跟踪梅甘，准备寻找合适的机会实施谋杀行动。据乔治称，曾有一次，在一家商店门前，乔治就站在梅甘侧面，但他最终还是放弃了谋杀行动。随后，乔治将带有消音器的步枪还给了比尔，但他留下了那笔定金。乔治还告诉警方，他是通过比尔的朋友克里·奥洛克与比尔结识的。

鲍勃与乔治达成了一个协议，他让乔治装上窃听器，然后找到比尔与奥洛克，谈论这起谋杀案。可惜的是，在这次谈话中，比尔和奥洛克始终不曾提及幕后黑手的信息，但他们对梅甘的死丝毫不感到意外。在这次谈话中，比尔还无意中提到一个名叫沃伦·埃尔金斯的人。警方立即调查了这个人的背景。经调查，警方发现这个人是安德鲁的亲信，他是负责管理安德鲁名下所有酒店安保工作的头目。

警方发现，沃伦十分看重自己的这份工作，他极力在老板安德鲁的面前表现自己，如果有可能的话，警方认为这个人很可能会为了讨好老板而谋杀梅甘。因为缺乏确凿的罪证，所以警方决定对比尔、沃伦、奥洛克以及安德鲁进行 24 小时的密切监控。数周后，警方依旧没有获得任何线索，在没有办法的情况下，警方只能向上级申请搜查令。

因为缺乏证据，上级只允许警方搜查比尔和奥洛克的家。在这次搜查行动中，警方意外地获得了一条重要线索。比尔亲口对负责搜查他家的警探说，梅甘的死他或许要负主要责任。就在比尔向警方坦白的同时，另一组搜查队伍也敲开了奥洛克家的房门。奥洛克告诉警方，他对这一切早有预料，还表示这一切都与比尔有关。

比尔告诉警方，案发当天他推开安德鲁家未锁的房门进入屋内，然后脱掉鞋子进入卧室，朝着梅甘的头连开两枪。杀死梅甘后，比尔又对着安德鲁的枕头开了两枪，安德鲁刚好滚开了。比尔说他来不及查看结果就匆匆下楼逃离现场，并不清楚安德鲁是否中枪。警方仔细研究了比尔提供的供词，确认供词中的内容与案发现场中的情况完全吻合。

办案人员又紧急检查了比尔的汽车，并在这辆车的副驾驶门板下方发现了两个弹洞。据比尔所说，这两个弹洞是他在慌乱中手枪走火不小心留下的。比尔还告诉警方，凶器已经被他丢到河中。警方将凶器打捞上岸，并通过实验证实这把步枪就是杀人凶器。尽管比尔承认自己就是杀人凶手，但他并不愿意透露幕后主使的名字。

警方从比尔的言辞中感觉到，他似乎非常忌惮谋划这一切的幕后主使。此外，比尔对警方讲了一些有关沃伦的信息。为了洗脱罪名，沃伦向警方供认主使杀害梅甘的幕后凶手另有其人。沃伦告诉警方，买杀手的钱全部由他的老板支付，是他下的命令，也是他亲自安排的这场谋杀。

此外，沃伦还向警方讲述了他物色杀手的整个经过。沃伦说，他先去了悉尼有名的红灯区，在这儿碰到了比尔，然后又在比尔和奥洛克的介绍下选中了乔治。乔治最初同意行凶，但他又反悔了，并且扣下了比尔给他的5000元美金。比尔将这件事汇报给沃伦，沃伦告诉比尔，老板知道这件事后一定会大发雷霆，他一定会寻机报复。沃伦坚决要求收回定金，还告诉比尔，不管如何，他都一定要将计划执行下去。

现在，整件事情已经明朗了起来，比尔也向警方承认，梅甘遇害前17天遭遇的那场袭击事件，也是他一手主导的。比尔说他事先藏在梅甘家车库外的一辆小车内，他知道梅甘会从车库旁边的小门出来。等梅甘走进停车道的时候，他从后面冲上来，用枪指着梅甘的头开了一枪，但这把枪不知道为何并没有响。

警方认为，比尔很可能因为紧张没有扣下扳机，所以枪并没有响，这才让梅甘逃得一命。从始至终，沃伦都不愿意向警方指认幕后主使，他似乎对这位老板十分恐惧。根据沃伦的证词和比尔的口供，警方以谋杀、谋杀未遂、参与谋杀及袭击罪等罪名将比尔告上法庭，奥洛克也因参与谋杀罪而受到指控。

此外调查人员再次传讯了安德鲁，但安德鲁声称他和妻子梅甘很可能是因为在克罗地亚社区的工作而成为谋杀目标。随后，安德鲁听从律师的建议拒绝继续向警方提供任何信息。安德鲁的行为再次让警方的调查工作面临停顿。此时此刻，困扰警方的关键在于如何找到行凶者比尔与重点怀疑对象安德鲁之间的直接关联。

就在警方一筹莫展的时候，安德鲁的婚外情渐渐浮出水面。警方知道，安德鲁曾与手下的一名职员莉迪亚·尤娜关系暧昧。莉迪亚是一个很有魅力且遵纪守法的女人，她主动向警方提供了安德鲁写给她的信件，并告诉警方，她和安德鲁早在多年之前就有了暧昧关系，而且这种关系持续很多年。

现在，警方需要根据手中所掌握的线索判断这段暧昧关系是否足以导致这场谋杀。在搜集证据的时候，调查人员又注意到一件发生在1973年的蹊跷事。当时，安德鲁一家驾车外出，安德鲁驾驶的汽车突然失控，安德鲁从车内跳出，汽车侧翻在地，梅甘和儿子被困在车内。但这起事故并没有造成伤亡，梅甘和儿子侥幸保住性命。

警方认为，这很可能是安德鲁第一次试图谋杀梅甘，但并没有成功。现在，警方确信安德鲁涉嫌谋杀梅甘，并将其逮捕。梅甘遇害6个月后，安德鲁被送上法庭，但在著名刑事律师切斯特·波特的辩护下，法庭以证据不足、无法将安德鲁与谋杀联系起来为由撤销了警方对他的全部指控。

安德鲁很清楚，警方如果继续调查，并从比尔或奥洛克口中获得分量更重的证词，他很有可能再次被牵连。为此，安德鲁出价1万美金，要求沃伦说服比尔收回那些对他不利的证词。但沃伦着手不久，警方就以妨碍司法公正罪及阴谋杀害比尔的罪名将其拘捕。在得到警方免于起诉的保证后，沃伦向警方供认，他曾在安德鲁的办公室内对着一本电话簿开枪，其目的是让安德鲁清楚这把枪的威力及波及范围。

此外，沃伦还向警方供认，老板曾有过四次谋杀梅甘的尝试，但这四次谋杀均以失败告终。沃伦的这一说法得到了比尔的证实。比尔告诉警方，在某次谋杀行动中，他拿着枪上楼，但他注意到在楼梯左侧尽头的房间内有一名年轻人躺在地毯上看电视，为了避免被发现，比尔悄然下楼，并没有按约定继续实施谋杀计划。

此时，鲍勃警官相信，现有的证据足以让首席检察官凭职权对安德鲁提起指控。在梅甘遇害一年半后，安德鲁再次被送上法庭。沃伦因为与警方达成了减罪协定，也同意指认安德鲁。再加上比尔和奥洛克的证词，检方相信安德鲁一定会被判刑。经过连续 12 周的审判，安德鲁始终拒不认罪，但陪审团认为安德鲁有罪，判其终身监禁。

此外，比尔和奥洛克也因参与谋杀而被判终身监禁。被关进监狱后，比尔服用安眠药自杀。沃伦因为与检方达成协议，最终被判 5 年监禁。故事到了这里本该结束，但安德鲁有很多有能量的朋友，经过多年的斡旋，梅甘被害一案被打回重审。

安德鲁始终坚持，凶手朝他开枪的时候，他的头正枕在枕头上。刑侦专家认定安德鲁的这种说法是在撒谎。因为弹道检测结果显示，子弹穿过枕头的路线是直线，这种情况只有在枕头不受外界压力的情况下才能出现。如果安德鲁是枕在枕头上的，枕头一定会受压，那么弹道就不会是直线而应该是曲线。在弹道证据的证明下，安德鲁的罪行板上钉钉，该次审判依旧维持原判。

犯罪心理解析：内幕重重的关联性谋杀

这是一起枪杀命案，受害人梅甘是当地名流，她为人和善，热心公益，从没有与谁结仇，而案发现场内既没有遗失贵重财物，也没有翻动的痕迹，所以警方才会将这起谋杀案定性为关联性谋杀案。既然这是一宗关联性谋杀案，那么弄清楚凶手与幕后主使以及受害人之间的联系就至关重要了。

通常情况下，假如警方在办案的时候缺乏可供调查的线索，就会第一时间调查受害人的亲属或与受害人有密切联系的朋友，该项调查又被称为背景调查。在这项调查工作中，警方常常能够找到有突破的关键性线索，在这起枪杀案中也不例外。

一般而言，如果是室内谋杀，受害人的直系亲属会成为警方调查工作中的一个重点。又因为受害人的丈夫安德鲁亲历谋杀却毫发无伤，所以警方一直对他抱有怀疑。在背景调查中，警方发现安德鲁有婚外情，而他又是一个身家千万的富商，那么这起枪杀案很有可能是一起情杀案。

只不过，安德鲁很聪明，他在策划实施这起谋杀案的时候并没有直接参与其中，而是让他最信任也最想得到他信任的下属沃伦一手操办。在沃伦的帮助下，整个谋杀计划有条不紊地进行着，直到梅甘遇害。警方在重要线人的帮助下找到了谋杀梅甘的凶手比尔，比尔也向警方承认了谋杀罪行。

但在警方看来，比尔并没有杀死梅甘的直接动机，他很可能只是某人手中的工具。果不其然，在后续的调查工作中，警方又掌握了新的证据，比尔原本只是沃伦找到的接触杀手的线人，但因为杀手乔治临阵反悔，而比尔又不能从乔治那里要回5000美元定金，为了不被大老板报复，比尔这才不得不铤而走险，主动参与到这场谋杀行动中。

从比尔的供词中就不难看出，他潜入安德鲁家的时候，安德鲁家的房门是打开着的，这意味着，安德鲁才是主导这一切的主谋，而比尔则是他达成目的的工具。从警方搜集到的资料中看出，安德鲁与梅甘的婚姻并不幸福，安德鲁早在1973年的时候就曾对梅甘产生杀念，为了杀死梅甘，他甚至不惜将儿子也一同杀掉，但梅甘幸运地活了下来。

那么，又是什么让安德鲁仇视梅甘，一定要将她杀死呢？犯罪心理专家分析，除安德鲁另有新欢外，梅甘在安德鲁生意中所占的地位也是她被杀害的诱因之一。借着安德鲁的家业，梅甘也成了当地有头有脸的人物，她的商业才华和人品都是一流的。多年来，梅甘显然已经成了安德鲁之下的掌权者，如果安德鲁与她离婚，会损失数额巨大的资产，甚至还会多一名事业上的对手。

于是，在与梅甘的感情破裂之后，安德鲁就想找机会杀死梅甘，这样他既可以光明正大地寻找新欢，又可以保证资产完整，更不会让自己的名誉染上污点。对安德鲁而言，这是一举三得的好事情，而这就是他对梅甘产生杀念的根本原因与动机。感情的破裂和婚外情进一步催化了整件事情，而梅甘的好运也早已用尽，惨剧必然发生。

犯罪心理揭秘

邪恶的夫妻搭档

——珀斯市连环奸杀案

1986年10月，西澳大利亚州的首府珀斯市，保罗·费格森警官接手了一起失踪人口案。失踪者是22岁的玛丽·尼尔森，这是一位年轻美貌的金发姑娘。10月初，尼尔森在下班回家的路上无故失踪。经过调查，珀斯警察局的警官发现，尼尔森的汽车停靠在了珀斯警察总局对面的一家停车场内。

警方仔细检查了这辆汽车，他们希望可以从这辆明显是被绑架者故意遗弃在这里的受害人的车内找到能够证明绑架者身份的线索。11月初，珀斯市各分警署再次接到失踪报备，21岁的丹尼斯·布朗也失踪了。费格森警官仔细研究了这起失踪案，他发现，受害人丹尼斯失踪前原本是去了朋友家，在与朋友共进晚餐之后，丹尼斯独自返家，却始终没有到家。事情发生在周六晚上，周日上午，警方接到报案，然后就给各个分警署传达了失踪案报备信息。

作为一名有着丰富办案经验的老警察，费格森警官早有预感。他认为：尽管丹尼斯的家人在丹尼斯失踪后的第二天就报了案，非常有助于警方调查取证，但费格森隐隐觉得，丹尼斯可能已经遭遇不测。等费格森走访过受害人的家属和亲友之后，这种预感变得更为强烈了。但费格森依旧会用尽全力调查这起人口失踪案，因为他必须给受害人的家属一个交代。

就在费格森警官尽全力调查这起案子的时候，另一名协助调查失踪案的警官给他打了一个电话。在电话中，这名警官表示，有一名年轻姑娘找到警方报案，她所说的内容很可能与丹尼斯 · 布朗的失踪案有关。费格森立即赶去见那名年轻姑娘。这名年轻姑娘我们姑且称之为“卡蒂”。卡蒂告诉费格森，她被一对夫妇挟持到一栋房子内，在这栋房子里，她遭到拘禁、侵犯。

案发当晚，卡蒂正沿着公路回家，这时一辆红色的轿车停靠在她身边。一位面容和善且薄有姿色的中年女子探出身子向她问路。因为问话的是一名和善的妇女，地点恰巧又是卡蒂居住的那条街道，所以卡蒂不仅没有感到危险，反而放松了警惕，她一边倾听，一边给这名女子指路。

为了更好地传达信息，卡蒂侧着身子给这名妇女比画行驶路线。可能是觉得坐在车内问话有些不礼貌，这名妇女在卡蒂侧身的那一刻，打开车门走下车，站在卡蒂身旁。接近卡蒂之后，这名妇女突然掏出了一把匕首，她熟练地揽住卡蒂的脖颈，然后将匕首横在卡蒂的脖子上。卡蒂失声尖叫，她不敢用力挣扎。就在这时，坐在驾驶座上的男子也迅速下车，他先打开后车门，然后又帮着妇女将卡蒂丢进后座，再将卡蒂的手脚绑上。就这样，卡蒂被挟持到事发房屋内，遭受了一系列非人虐待。最后，卡蒂借着一个机会才侥幸逃离。

费格森从卡蒂讲述这件事时流露出的表情判断，这个姑娘讲的话应该是事实。费格森愿意相信卡蒂，等卡蒂讲完一切之后，费格森问她是否还记得那栋房子的位置，卡蒂给了肯定答复。费格森立即让卡蒂带路，驱车赶往事发地。费格森警官和另一名同事载着卡蒂去了她说的那个地点。当时，卡蒂就坐在警车的后排座上，在即将到达目的地的时候，卡蒂突然俯下身子哭了起来。

卡蒂一边用颤抖的手指指着路尽头的一栋房屋，一边尝试着将身体尽量往后缩，等身体紧紧靠在后座上后，她又做了一个俯身躲闪的动作。费格森从后视镜中将这一切看得清清楚楚，他知道，这里一定就是卡蒂遭受拘禁的地方。从卡蒂的肢体行为中就不难看出，她曾经在这里遭受了怎样的折磨与苦难。找到事发房屋后，费格森警官并没有急着行动，他先安排搭档藏在暗处观察，然后重新录了一份口供，他准备用卡蒂提供的这份口供向上级申请搜查令。

费格森警官想从卡蒂身上找到玛丽·尼尔森、丹尼斯·布朗失踪的线索。卡蒂提供的口供让费格森警官看到了隐藏在这几起失踪案之间的隐秘联系。在缺乏关键证据、只有口供的情况下，警方虽然可以对事发房屋进行搜查，但费格森警官并不会将全部希望放在这次搜查行动上，因为在很多时候，凶手不会在自己的家里留下太多线索。对费格森警官而言，能不能搜查到关键证物倒在其次，他主要想借着这次搜查行动与嫌疑人会面，在会面的过程中，费格森还想与嫌疑人谈话，他希望能够从谈话中找到案件的突破口。

这栋可疑房屋坐落在穆尔豪斯街，拿到搜查令后，警方迅速搜查了这栋房屋。房屋内空无一人，主人似乎不在家。经过调查，这栋房子归凯士林·波尼所有。屋内的情况进一步证实了受害人卡蒂讲述的内容。一番商议之后，费格森警官和搭档离开房屋，躲在街道对面继续监视这栋房屋，静待屋主落网。不久，这栋房屋的女主人回家了，她拿着一份报纸缓慢地向房屋走去。

费格森警官和搭档立即冲了过去，看到警察之后，凯士林试图逃跑，但她怎么是两名警察的对手呢？尽管凯士林拼命挣扎，费格森警官和搭档还是很快就控制住了局面。在控制住凯士林之后，费格森警官告诉凯士林说，警方接到举报，有人在你们的房屋内遭到侵犯、拘禁等一系列非人虐待，所以警方要搜查房子。凯士林拒绝承认这些指控，她异常肯定地告诉警方，这栋房子里只住着她和男友大卫·波尼，从来没有哪个陌生人来过这里。

在后续的交流中，警方得知两人并未结婚，但凯士林表示是自己心甘情愿地跟随大卫的，为了证明这一点，凯士林还跟了大卫的姓。警方从凯士林这里弄清楚了大卫的身份，在得知大卫就在附近的一家打捞公司上班后，费格森警官立即派了几名警员将大卫带回警局进行问话。

经过详细调查，警方发现大卫和凯士林早在少年时期就已经结识，初次见面之后，两个人就相互倾心并迅速建立了男女朋友关系。但是这对青梅竹马的恋人最终还是没能走到一起，渐行渐远之后，两个人各自结婚，先后建立了自己的家庭。20 世纪 60 年代，大卫·波尼曾经在珀斯市驯马大师埃里克·帕恩汉姆的马场里工作过一段时间。据马场老板埃里克回忆，大卫在工作中显得有些沉默，他并不善于与其他人沟通，总是一个人默默干活。

但马场的一位女管理人员表示，大卫其实是一个色鬼，他曾经想要侵犯她。只是这位女管理人员喜欢养狗，每当大卫靠近，狗就会冲着大卫狂吠。有一次，大卫趁着马场内的其他工作人员外出的机会想要冲进女管理人员的房间，见势不妙的女管理人员急忙撒开狗绳。看到狂扑而来的狗，大卫只能转身逃跑。因为这件事，大卫被马场解雇。

20 世纪 80 年代，大卫再次与凯士林相遇。两个人旧情复燃，很快就决定在一起生活。在一次偶然的机会下，大卫告诉凯士林，他想要过新的生活，他想尝试不同的性体验。凯士林表示支持大卫，她还主动邀请一位女性朋友，希望她可以参与大卫的变态计划。但朋友严词拒绝了凯士林的邀请，并立即与凯士林断绝了联系。

遭到拒绝后，凯士林和大卫开始改变策略，他们开始寻找不认识的女性加入这项变态计划，无论对方是否愿意。而这就是这对变态夫妇想要对卡蒂做的事情，幸好这位姑娘侥幸逃脱了。在警方的逼问下，大卫承认与卡蒂发生了关系，但他坚称双方是自愿的。尽管大卫矢口否认，但费格森警官相信大卫就是制造这一系列失踪案的元凶。首次问话结束后，费格森警官便断定大卫的心理防线是这对夫妻档杀手中相对较差的。为了找到突破口，警方决定对他进行高压审讯。

经过两次审讯之后，大卫的心理防线彻底崩溃了，在警方逼问到底发生了什么的时候，大卫表示他想要和凯士林谈一谈。在这一刻，费格森警官知道，大卫已经产生了想要向警方坦白的念头，但他也想征求凯士林的同意。于是，费格森警官让警员将大卫带回家，允许他与凯士林谈话。见过凯士林之后，大卫重新回到警局。大卫告诉费格森警官，他和凯士林确实犯了罪，并向警方供述了四宗奸杀罪行。

大卫的坦白异常干脆，他详细说出了这四名被害女孩的名字，她们分别是玛丽 · 尼尔森、苏珊娜 · 坎迪、诺蕾娜 · 帕特森以及丹尼斯 · 布朗。费格森警官当然知道丹尼斯 · 布朗和玛丽 · 尼尔森，可根本就没听说过另外两个受害人的名字。费格森意识到事情可能比警方预想的更加严重。在费格森警官的要求下，大卫同意带警方去掩埋尸体的地方。大卫告诉警方，他和凯士林常在斯特林高速路上寻找“猎物”，一旦选定“猎物”，他们就会将其绑架，运回住处后，大卫还会对其实施侵犯，然后将受害人杀死弃尸。

凯士林起初拒不认罪，直到警方将她也带到藏尸地点，凯士林才相信大卫已经认罪。在这种情况下，凯士林终于承认了这四起谋杀罪行。在将凯士林带回警局的路上，凯士林的心理防线也彻底崩溃，她坐在警车的后排座上，痛哭流涕地将所有事情原原本本地讲了出来。1986 年 11 月 4 日早晨，大卫和凯士林看到丹尼斯 · 布朗正在路边准备搭顺风车，于是停下车拉上了她。

等汽车重新发动之后，坐在副驾驶上的凯士林突然掏出一把匕首，她用这把匕首威胁丹尼斯，让她不要反抗。将丹尼斯控制住之后，大卫驱车将她带到位于穆尔豪斯街的房子里。回到房屋后，大卫夫妇就将丹尼斯胁迫到客厅内进行侵犯。

施暴结束后，大卫和凯士林又强行给丹尼斯喂下一粒安眠药，为了确保万无一失，大卫还用锁链将丹尼斯绑在床上，整晚都不解开。

第二天早晨，这对夫妇继续威胁丹尼斯，让她给一位朋友打电话，谎称自己要在外地待上一段时间。当天下午，丹尼斯被塞进汽车，带到郊区的兰格拉松种植园。在这片种植园中，大卫最后一次对丹尼斯实施侵犯。施暴过后，大卫残忍地刺杀了丹尼斯。

行凶后，大卫又在不远处挖了一个浅坑，然后与凯士林一同将丹尼斯丢进坑内，开始往丹尼斯的身上填土。当第二铲土泼在丹尼斯身上的时候，丹尼斯突然弹坐起身，大声尖叫起来。这一下把凯士林和大卫吓得魂飞魄散，两个人连滚带爬地逃向远处。原本，丹尼斯可以趁机逃跑，但她的手脚依旧被绑在一起，身上还裹着一条毯子，根本无法逃出浅坑。只过了十几秒钟，大卫又从远处跑了回来，再次攻击了丹尼斯。这一次，可怜的丹尼斯当场死亡。

16 岁的苏珊娜 · 坎迪和丹尼斯 · 布朗的遭遇相同，她也是在搭顺风车的时候被大卫和凯士林绑架。在穆尔豪斯街的那栋房子里，苏珊娜遭到侵犯、喂药、拘禁。凯士林还让苏珊娜写了三封信。这三封信被塞进信封，第一封信在苏珊娜被杀的当天寄出，后两封信分别在她被杀第二周和第三周寄出。大卫向警方承认，在多次施暴之后，他在房间内将苏珊娜杀害，然后又将苏珊娜的尸体埋到格伦伊格尔斯的树林中。

玛丽 · 尼尔森则是这四名受害女性中的第三名受害者。她原本是想购买一个汽车轮胎，凯士林谎称自己家想要低价处理一个汽车轮胎，趁机邀请玛丽去她家做客。天真的玛丽并没有识破凯士林的邪恶用意，当天下午，就直接驱车去了凯士林家。凯士林和大卫将玛丽迎进房间后立刻将她捆了起来。大卫先对玛丽实施侵犯，然后用链子将她锁在床上。

做完这一切之后，大卫下楼将玛丽的汽车开到警察总局对面的停车场内停好，这才打了一辆出租车返家。最后，大卫在距离住处有 200 多米的购物中心下了车，他步行回到住处，再一次对玛丽实施侵犯。当晚，大卫将玛丽塞进汽车，把她载到埋藏苏珊娜尸体的那片树林中。在埋葬苏珊娜尸体的浅坑旁，大卫再次对玛丽实施侵犯，他的女友凯士林则举着手电在一旁协助。施暴过后，大卫杀害并埋葬了玛丽。

第四名受害人是31岁的诺蕾娜·帕特森。在供述这起罪案的过程中，凯士林始终以“那个女人”为代号称呼诺蕾娜。警方认为，年岁较长的诺蕾娜可能更加成熟，在被大卫拘禁后，她可能施展了某些手段迎合大卫，来使大卫放松警惕，以便于获得逃生的机会，但她的行为无意中惹火了凯士林，所以她最终还是被大卫杀死了。

在拘禁诺蕾娜两天后，大卫和凯士林之间爆发了一次争吵，凯士林大声质问大卫，问他到底是要诺蕾娜还是要她，大卫没有回答，凯士林则气冲冲地跑了出去。过了一会儿，凯士林再一次冲进房间，她手中举着一把匕首，以自杀为要挟逼迫大卫就范，大卫虽然很喜欢诺蕾娜，但他还是遵循了凯士林的意愿。

杀死诺蕾娜后，大卫给她穿上衣物，然后将她的尸体单独埋在了另外一个地方。在大卫看来，诺蕾娜和其他女孩是不同的，所以她要被埋在特殊的地方。案发后，大卫还不愿讲出埋藏诺蕾娜的地点，但凯士林却愿意充当向导。在将警方带到藏尸地后，凯士林还朝着坟墓吐了一口唾沫。

在后续的调查工作中，警方又从凯士林的言语中得知了一些她对男女关系的看法。在凯士林的认知里，女人天生就是为男人服务的，当一个女人选择一个男人以后，她就应该听从、满足这个男人的所有需求，如果这个男人的需求不能被她满足，那她就会另寻他法，务必要让男人满意。最关键的是，凯士林的这种态度十分坚决。

大卫离过婚，他为什么离婚，凯士林并不想去了解，但离婚意味着大卫曾经受过伤，他被女人伤害过，那么女人就应该回报大卫。正因如此，凯士林才会热衷于观看大卫强奸其他女受害人的过程，才会在大卫杀死女受害人的时候毫无怜悯之心地协助他。据凯士林亲口交代，她甚至还会在大卫杀死女受害人的时候感到快意。

但从道理上来讲，不管这对夫妇谁主谁从，他们都很邪恶，甚至于“邪恶”这个词根本不足以形容他们。一旦这对夫妻档开车搭上了某位单身女乘客，凯士林就会仔细观察对方，然后告诉大卫到底可不可以下手。在整个挑选猎物、寻机下手的过程中，凯士林掌握着绝对的主动权。假如乘车的女孩符合凯士林的选择标准，她就会转过头对大卫说上一句：“我嘴馋了，大卫。”大卫则会给出好或不好的回应。当然，大卫从不会拒绝凯士林。

当大卫给出答复之后，凯士林就会掏出匕首威胁乘车女孩，然后将女孩的手脚捆上，在女孩的身上丢一张毯子，再将她们带回住处实施侵犯。1986 年 11 月 9 日，大卫和凯士林再一次盯上了一名受害者——17 岁的卡蒂。卡蒂是第五名受害者，她本是被凯士林选给大卫的玩物，但她凭借着智慧和勇气成功逃出魔窟，并帮助警方找到了这对夫妻档杀人犯。

凯士林和大卫用同样的方法将卡蒂绑架回家，大卫对其实施侵犯后，就用铁链将她绑在了床上。为了能够自救，卡蒂向凯士林要了一个笔记本和一支笔，她说想要给男朋友写一封信。卡蒂很清楚，这可能是她逃脱的唯一机会，所以她必须在信中留下点什么，以便引起男友和父母的注意。

这不是一封普通的信，卡蒂和男友之前曾因为爱玩，设计过一种只有他们才能看得懂的密码。卡蒂就用这种隐秘的形式，在这封信中留下了波尼家的电话号码。后来，卡蒂还说服大卫和凯士林给她松绑。能够自由活动的卡蒂开始找机会留下证据。一旦凯士林离开房间，卡蒂就会在房间的隐秘处藏一些个人物品。

卡蒂很清楚，自己可能凶多吉少，所以她希望自己死后，警方能在这栋房子里找到线索，能够有证据指证凶手。在一次偶然的机会下，突然有人敲响了波尼家的房门。原来，这对夫妇还做着贩卖毒品的生意，来人就是想要向凯士林购买毒品的瘾君子。急于挣钱的凯士林只将卡蒂推进了卧室就急匆匆地出去了，她并没有将卡蒂锁在床上。卡蒂瞅准这个机会，在凯士林与瘾君子交易的时候钻窗逃走了。逃出生天后，卡蒂立刻跑到警局向警方报案，警方也顺着她提供的线索顺利将这对夫妻档变态杀人犯逮捕归案。

卡蒂报警后，警方首次搜查波尼家位于穆尔豪斯街上的那栋房屋，搜查的结果立即证实了卡蒂所说的话。卡蒂曾告诉警方，她被凯士林胁迫服用了一片安眠药，但她并没有将药吃下去，而是趁着凯士林外出的时候将药吐在了地板上。警方在搜查这栋房子的时候，确实在卧室的角落里找到一片安眠药片。

卡蒂说她将驾驶证塞在了厨房壁炉的缝隙内，警方确实在壁炉的一个缝隙中找到了卡蒂的驾驶证。卡蒂还告诉警方，绑着她的是几条银白色的铁链，铁链的锁上面有一些数字，警方在卧室内确实找到了这些锁链。总而言之，警方的这次搜查行动可谓大获全胜。这些证物除了能够证明卡蒂所言非虚，还可以在庭审的时候作为呈堂证供来指证大卫和凯士林。

1987 年 2 月 10 日，大卫 · 波尼和凯士林 · 波尼出庭受审。在两人被押进法庭之前，无数民众将押送车围得水泄不通，大家都大声呼喊口号，强烈要求法庭将这对夫妻档杀人犯处死。在众多证物和人证的证明下，陪审团迅速达成一致意见，大卫和凯士林双双被判有罪，检方指控的五项重大性侵犯罪、四项谋杀罪以及非法绑架、拘禁等罪名全部成立，大卫·波尼和凯士林·波尼被判终身监禁，他们将受到最严格的监管且永远不得假释。

当这对变态杀人犯从法庭中出来，被押进囚车的时候，他们的脸上竟然没有流露出丝毫悔意，大卫甚至还朝被挡在外面的民众做了一个飞吻的手势。他的行为彻底激怒了围观群众，人们将手中一切能够丢出去的东西全部丢向大卫，逼得大卫不得不慌忙逃进囚车。在监狱中，这对夫妇也经常被其他囚犯辱骂、殴打。

一直到大卫和凯士林被关进监狱，事情才告一段落，但警方始终认为，这对变态夫妇绝不仅仅犯了这四起命案。警方相信，这对夫妇一定还犯有其他罪行，一定还有其他受害人惨遭毒手，但大卫和凯士林不再配合警方，他们拒绝再与警方合作。几年后，大卫曾向记者透露，确实还有其他受害人，但等警方追问的时候，大卫再一次矢口否认。一直到 2003 年，大卫在狱中用毛巾自杀，警方才不得不放弃调查。

犯罪心理解析：恶魔的结合体

这是一宗连环变态杀人案，行凶者还是连环杀手中比较罕见的夫妻档杀手。也正是因为行凶者是一对夫妻档杀手，所以他们才能够快速将受害人诱骗到车内，才能顺利完成绑架、强奸、杀人、弃尸等一系列作案流程。更关键的是，夫妻档杀手的作案冷却期非常短，所以他们才会频繁作案。

组合型杀手通常彼此互补，这种类型的杀手制订的作案计划都比较完美，而且这种类型的杀手不会在作案过程中给警方留下可供追查的线索。在本案中，如果不是卡蒂侥幸从这对变态夫妻档杀手手中逃脱，凶手还会继续逍遥法外，直到他们内心极度膨胀，在作案或者弃尸的过程中留下重大纰漏，才会暴露。当然，到这个时候，连环杀手也难以逃出法网。

在本案中，大卫和凯士林不仅是搭档，他们还是夫妻。大卫和凯士林之间的关系是极为肮脏、扭曲的，但把他们推向疯狂，让他们将如此丑恶的计划付诸行动并接连犯下谋杀罪行的真实诱因又是什么呢？犯罪心理专家指出：从这几起谋杀案中，不难看出大卫和凯士林之间存在着一种很微妙的主从关系。在这一系列强奸谋杀案中，凯士林其实是推动整件事情的重要动力。

当然，大卫才是罪行的实施者和杀害受害人的刽子手，离了他，凯士林也绝不可能犯下如此丑恶的罪行。总而言之，大卫和凯士林的相遇最终造就了这一切，但他们本身的变态缺陷才是导致他们犯下这一系列罪行的根源。就拿凯士林来讲，她对男女关系的错误认知是她愿意帮助大卫犯罪的主观原因，如果不是她坚信女人就是为男人服务的这一点，她也不会如此纵容大卫，至少不会主动参与到凶杀案中，也不会在连续作案后毫无悔过之心。

至于大卫，如果不是他天生就对女性存在变态的欲望，他就不会产生想要与其他陌生女性发生关系的邪恶想法，正是因为他产生了这种想法，凯士林又愿意帮助他，他和凯士林才能制订出近乎完美的绑架计划，才会连续不断地犯下一起又一起的奸杀案。所以，凯士林主要起到催化、诱导作用，相对于作案，她更加享受与大卫一同犯案的过程，而大卫则完全是以发泄兽欲、满足自己为目的。

犯罪心理揭秘

反社会人格杀手

——棋盘杀人魔

莫斯科市是一座国际化的大都市，在这座城市内，你可以看到风景如画、富丽堂皇的大教堂，也可以看到缺乏管理、生存条件恶劣的贫民窟。这座城市曾经出现过一名俄国犯罪史上臭名昭著的连环杀人恶魔。

比察公园建于莫斯科南部，这是一座面积22平方千米的森里公园，公园内树木茂盛，到处都有一片接着一片的密林。因为植被覆盖面积很广，森林内的空气十分清新，很多居民喜欢沿着人工修建的小径在这座公园内慢步赏玩，以此放松身心，打发时光。有些象棋迷还会在公园内专门搭建的对弈区域下棋，这些棋迷一般是年岁较大的人，虽然他们年纪大了，但还是很喜欢在棋盘上争个输赢。

只是这些棋友并不知道，多年来，这座森林公园中一直隐藏着一个可怕的秘密，而这个秘密与象棋有关。2005年10月15日，星期六，两名巡警在公园内巡视的时候意外发现了一具死尸，死者是31岁的尼柯·莱沃若华夫。尼柯的死状极其凄惨，他的头遭到重击，头顶的伤口上还插着一个酒瓶。两名巡警立即将案发现场的情况上报给莫斯科总警司。

莫斯科警方立即调派警力前往调查，丹尼斯·亚达曼柯是最先抵达命案现场的警探。虽然丹尼斯接手过许多凶杀案，但他还是被这起凶杀案的惨烈程度惊到了。受害人的尸体躺在密林深处的一块开阔地上，他的头上有多处创伤，甚至插着一个空酒瓶，尸体散发着阵阵腥臭味。

因为受害人的死状过于惨烈，所以警方暂时封锁了这起凶杀案的信息。就在警方立案调查的时候，又一具尸体被警方找到，而这仅仅过了一个月的时间，死者是63岁的尼柯莱·沙哈钱柯。受害人的死状与上一名受害人相同。警方判断，这两起凶杀案应为同一人所为。

两周后，警方又发现了一具受害人的尸体。死者是佛拉·迪梅杜金，死状与前两名受害人相同，只不过刺进他头部伤口中的东西是一根森林中随处可见的木棍，而非伏特加酒瓶。一周后，第四名受害人的尸体被发现，死者是尼科·莱柯瑞亚金，案发现场的情况与前三起凶杀案相同。截至圣诞节前，莫斯科警方一共在比察公园中找到了七具受害人的尸体。

这些受害人全部暴尸荒野，受害人身上的钱包并没有丢失，贵重财物也没有遭到洗劫，种种现象意味着这一系列凶杀案并非抢劫案。尽管这些受害人的遇害时间没有明显联系，但他们的死状很像，每一名受害人的头顶都有一个巨大伤口，伤口上也一定会插着一样东西。结合受害人的死状与受害人伤口处的细微特征，莫斯科警方认定这一系列凶杀案是同一名杀手所为，这是一起连环凶杀案。

为了尽快侦破这起连环凶杀案，莫斯科警方在2006年2月成立了专门侦办这起命案的重案组。重案组组长安瑞·苏普南柯是一位经验丰富的老侦探，他主要侦办一些重案要案，比如那些让前任调查员丧命的案子。安瑞早已习惯处理这种复杂危险的案子，所以他有信心侦破这起连环凶杀案。

截至此时，警方已经不能继续隐瞒命案信息。在各大媒体的争相报道下，凶手残忍的手法被公之于众。因为凶手过于残忍、暴虐，警方却始终没有掌握可以推动案情进展的线索，生活在莫斯科的居民感到十分不安。人们都担心自己的生命安全，惧怕某一天自己要面对这个凶残的连环杀手。

现在，民众再也不敢去这座公园内进行休闲活动了，人们都渴望警方尽快破案，只有这样，居民们才能尽快回归到正常的生活中。尽管警方在比察公园内找到了多具受害人的尸体，但凶手的身份始终为谜。凶手的行凶手段虽然十分残暴，但案发现场内并没有留下任何可供调查的线索。警方竭尽全力搜集了案发现场内可能与凶手有关的所有物品，但他们始终没有找到二者之间的关联。

由此可见，这名连环杀手还是一个性格十分谨慎的有组织型连环杀手。警方开始求助于能够给他们提供帮助的人。弗莱·迪米沃索夫教授是一名经验老到的刑事鉴识专家，在莫斯科刑事鉴定组内，弗莱的工作就是检视命案死者。

现在，警方请这位有着40年工作经验的鉴识专家帮忙勘验受害人的尸体，由他来研究判断导致被害人死亡的真正原因。弗莱欣然接受了这项工作，他发现，所有受害人尸体上的伤口都集中在头部，大型伤口出现在后脑、头部侧面或脸部正面上。这一系列行为就好比凶手的犯罪标记，只要有新的命案发生，凶手就会使用同样的方式杀死受害人。

虽然受害人的尸体大都已经严重腐败，但弗莱还是根据头骨碎裂的情况以及骨碴断口处的痕迹判断出凶手可能使用的凶器。因为受害人的头骨上有一些三角形的凹陷，所以弗莱断定凶手使用的凶器是边缘处有棱角的钝器，结合头骨上伤口的大小，弗莱认为凶手使用铁榔头的可能性极大。

在弗莱的帮助下，警方终于知道了凶手是使用何种凶器行凶的。虽然暂时掌握了凶器的种类，但警方依旧没有侦破案子的思路。警方不知道凶手到底是男是女，是大人还是青少年，更不要说凶手的体貌特征和是否是莫斯科当地居民了。有部分警探甚至认为，比察公园可能只是凶手刻意挑选的弃尸地，而非凶案现场。

因为警方始终拿不到确凿的证据，各种谣言和推论开始喧嚣。随着时间的推移，警方所承受的舆论压力也越来越大。就在这时，比察公园旁边的一处精神疗养院引起了警方的注意。这家疗养院之所以会建在比察公园旁边，就是为了借助比察公园得天独厚的自然环境优势。院方还规定，病情稳定的病患可以去比察公园内散步。

凶手会不会是这家疗养院的精神病患？如果是，凶手一定有办法自由进出疗养院，或者利用疗养院批准的外出假期进入比察公园实施杀人计划。疗养院必须接受警方调查。在当时，凡是形迹稍有嫌疑的人都必须接受警方的调查，直到警方排除嫌疑为止。

只可惜，警方在盘问调查后依旧没能找到嫌犯，如此一来，精神病患是连环杀手的假设也就难以成立。就在相关调查工作陷入停滞的时候，安瑞警探提出了一种推论。安瑞发现，这七名被害人都是独居中老年男性，这些人在社会上和家庭中的存在感很低，一旦失踪，引发舆论关注和被家人寻找的概率也比较低，所以凶手应该是专门挑选具备以上特征的中老年男性为作案目标的。

如果这种推论成立，那么凶手就有可能是一名女性，这样，凶手就可以轻易博得受害人的信任，然后成功实施凶杀案。此时此刻，安瑞还不知道凶手犯案的真正动机，所以，他的推断也不可避免地出现了偏差。警方按着安瑞的推论做了一番调查，但调查的结果并不能让人满意。最后，莫斯科警方调派了200名巡警在比察公园内巡视，他们希望可以通过大规模的搜查行动获得线索。尽管这种大规模的搜查行动收效甚微，但警方绝不放弃。

在一次偶然的机会下，两名巡警在公园内撞见了一位留着银白色短发的女士。看到前方有巡警经过，这名女士迅速低下头颅，朝着相反的方向逃去。两名巡警快步追上。巡警的速度很快，这名女子并没有逃多远就被拦住了，但她似乎并不愿束手就缚，而是拼命挣扎。巡警们只好一起动手，希望能尽快将其制服。在双方相互撕扯的过程中，这名女子头上的银色齐耳短发突然被甩脱到地上，这让“她”变得更加可疑了。

因为安瑞曾经推断凶手可能是一名女子，所以这两名巡警顾不得仔细盘问，就将这名“女子”扭送到警局暂时羁押起来。起初，这名异装癖人士是十分可疑的，因为警方还在他随身携带的手提包里找到了一把铁榔头。从当时的情况来看，这名异装癖男人非常符合嫌凶的特征，警方也愿意相信他就是凶手。

凶手被逮捕的消息不胫而走，各大媒体疯狂报道，许多报刊的头条都写上了“连环杀人魔落网”的醒目标题。就在市民们都以为凶手落网的时候，警方突然排除了这名异装癖男子的作案嫌疑。原来，这名异装癖男子被警方逮捕后，安瑞警探就立即派人调查了他的履历，发现这名男子的行为并不符合凶手的特征，而且这名男子可以向警方提供明确的不在场证明。

一周后，25 岁的超市员工马克穆·贾德沙夫遇害。紧接着，警方又在比察公园中发现了几具受害人的尸体。现在，从比察公园中找到的受害人尸体已有 12 具，但凶手始终没有露出马脚。2006 年 4 月中旬，48 岁的超市员工拉瑞莎·库利金纳遇害，与前几起凶杀案不同的是，这名受害人是一位女性。两个月后，警方又发现了第 14 名受害人的尸体，这位受害人也是女性。

因为这两具女性受害人的尸体上的伤痕特征与前几名受害人尸体上的伤痕特征相同，所以，警方认为凶手的杀人模式可能因为某种原因发生了转变，女性也成为这名变态杀手的猎杀对象。在处理第 14 起命案的时候，证据采集员从受害人的裤袋中找到了一张地铁票。这是一条至关重要的线索，也是到目前为止警方手中所掌握的唯一可以推动案情进展的线索。

莫斯科警方立即行动，他们调派专业人员仔细研究莫斯科地铁站提供的监控画面，希望能够找到在案发当天与这名受害女子同行的人。只不过，想要从监控视频中找到受害人并不是一件简单的事，警方必须耐心等待结果。就在这个时候，案情又有了新的进展。受害人的家属确认了受害人的身份，死者名叫马丽娜·莫斯卡洛娃，今年 36 岁，是一位单亲妈妈。

马丽娜的儿子特纳给警方提供了一条重要线索，他告诉警方，母亲结交了一个名叫沙夏的新男友。案发当天，母亲外出前曾试着用手机联系他，但她没有拨通特纳的电话，于是她给特纳留了便条，便条上详细记述了她要去的地方和同行者的姓名与电话。但是，母亲离家后就没了音讯。特纳曾经拨打过那个电话，但电话并没有接通。直到警方找到母亲的尸体后，特纳才意识到事情的严重性，他急忙将母亲留给他的便条交给警方。

警方立即展开相关调查，结果发现，这个电话号码的登记人是一名 32 岁的超市员工，他的名字叫作亚历山大 · 皮楚斯金。在俄语中，“亚历山大”这个名字通常被简称为“沙夏”。现在，各个零散的线索开始连接起来，这些证据直指亚历山大。在这种情况下，亚历山大自然也就成了警方怀疑的重点对象。为了不打草惊蛇，警方决定暂时不走漏风声，继续搜集相关罪证。

正当警方试图厘清线索脉络的时候，检查监控视频的警员也找到了受害人搭乘地铁时的录像。在这段录像的帮助下，警方终于见到了嫌凶的真身。录像中，身穿蓝色外套的马丽娜和一个穿着灰色外套、头戴鸭舌帽的男子走在一起，两人举止亲密，交谈得十分愉快。但是，马丽娜并不清楚，自己身旁的这名男子究竟有多恐怖，她也不知道，这名同行男子随身携带的手提包内藏着的是一把铁榔头。

经过面部核对，警方确认这个人就是亚历山大 · 皮楚斯金。在录像的证明下，警方有理由将亚历山大逮捕归案，并以涉嫌谋杀马丽娜 · 莫斯卡洛娃的罪名将其告上法庭。6 月 16 日夜里 10 点钟，莫斯科警方决定实施逮捕计划。整个逮捕过程中没有发生任何意外，即便是面对冰冷的铁铐，亚历山大也始终表现得很冷静。

亚历山大被带回警局后，警方立即安排有经验的审讯官审问他。起初，亚历山大拒绝承认任何罪行，他很冷静地表示自己与马丽娜的死没有关系，并质问警方为何会在没有证据的情况下将其逮捕。确实，莫斯科警方并没有足够有力的证据证明亚历山大就是杀人凶手，他们只是以涉嫌谋杀马丽娜的罪名暂时将亚历山大羁押起来。

面对亚历山大的诘问，审讯员并不回答，他们继续逼问亚历山大，直到审讯磨光他的耐性为止。在连续数个小时的高压逼问下，亚历山大的心理防线崩溃了，他终于承认自己就是杀死马丽娜的凶手。承认了第一宗罪行后，亚历山大还表示，自己就是警方苦苦搜寻的“连环杀人魔”。

在亚历山大的叙述下，警方也终于厘清了马丽娜遇害的全过程。6 月 12 日下午，马丽娜和亚历山大在地铁站会面，亚历山大邀请马丽娜去比察公园内野餐，马丽娜欣然同意。亚历山大说他和马丽娜一起待了很久，在这段时间内，他一直在思考一个问题，就是他到底要不要杀死马丽娜。

天黑之前，亚历山大终于做出决定。他趁着马丽娜低头专心整理食物的时候从背后袭击了她。马丽娜根本没来得及做出反抗，就被亚历山大用铁榔头击碎了头颅，连续多次锤击之后，亚历山大才停下手。此时，马丽娜侧躺在地，她的后脑破了一个大洞。亚历山大又拿出一个空酒瓶，狠狠地将酒瓶插进马丽娜的头颅。做完这一切之后，亚历山大又仔细清理了作案现场，然后才若无其事地离开了。亚历山大告诉警方，他不得不杀死马丽娜，因为如果不这样做，接下来的日子就会变得十分难熬。

起初，警方认为亚历山大一共犯下了14起命案，但后续的调查工作证明被害人的数量远不止于此。亚历山大宣称他一共谋杀了61个人，其中有60个受害人的尸体在比察公园内。亚历山大还宣称，谋杀行动已经持续了整整14年，在这14年中，亚历山大觉得自己几乎就是上帝，是能够掌控他人生命的上帝。

如果亚历山大所供述的是真的，那他就是俄国犯罪史上杀人最多的变态杀人狂。现在，警方必须做进一步的调查工作，他们需要用证据来证明这一切真的存在过。在亚历山大接受审讯的同时，警方还搜查了他居住的公寓。在亚历山大的公寓内，警方找到了一个棋盘，这个棋盘上面贴着一些数字。据亚历山大所言，棋盘上的每一个数字都代表着一条人命。

警方并不敢贸然相信亚历山大的话，为了弄清楚整件事情的始末，警方决定一边搜集证据，一边深入了解他的人生。为了让亚历山大继续讲下去，莫斯科警方专门邀请犯罪心理专家瓦雷莉亚·苏琪科瓦担任审讯官。在后续的审问工作中，瓦雷莉亚与亚历山大建立了一种关系，在这种关系的协助下，瓦雷莉亚可以了解亚历山大内心的真实想法。

亚历山大告诉瓦雷莉亚，每当他想要杀人的时候，他都会产生一种感觉，他觉得自己就是这些受害人的“父亲”，他的杀戮是在帮助这些人，他给他们打开了通往另一个世界的大门。亚历山大还宣称，初次杀人的感觉会一直萦绕在他的思维中，这种感觉令他终生难忘，而杀死亲近的人会让他产生更强的快感。关系越亲近，这种快感就越强。

身为一名资深犯罪心理专家，瓦雷莉亚可以从亚历山大的语气中听出欢欣愉悦的感觉，当他描述杀人过程的时候，这种愉悦的语气就会变得更加强烈。在俄罗斯，为了避免在法庭审讯过程中出现疑问，办案人员会将被告带回凶案现场，让凶手重演作案过程。这些内容又会被办案人员拍下来，成为法庭举证过程中的关键证据。

亚历山大的记忆力很强，杀人行凶对他而言又是他记忆中的“重大时刻”，所以他可以将杀人细节巨细无遗地还原出来。亚历山大还很了解比察森林，他可以准确地将警方带到行凶地点，然后在这些地点重演凶案发生时的情形。有很多凶案现场都是警方之前没有发现的，在这些地方，警方又找到一些受害人的残骸。

紧接着，警方又发现了一条骇人的线索。早在 4 年前，警方就曾接到报警电话，有一名受伤女子指控亚历山大企图谋杀她。这位名叫玛利亚·威瑞契瓦的女子告诉警方，2002 年 2 月 23 日，她和亚历山大在地铁站结识。当时玛利亚刚刚失恋，亚历山大借着安慰她的机会与她成了朋友。

等到获得玛利亚的信任之后，亚历山大就将她诱骗到比察公园内。亚历山大谎称他的相机掉在了公园中的下水道内，希望玛利亚可以帮他下去找一找，如果能够找到，他就会付给玛利亚一大笔钱。玛利亚刚刚失恋，而且怀有身孕，她急需获得新的生活来源。亚历山大将玛利亚带到比察公园内的偏僻角落，然后趁着玛利亚趴伏在下水道井口探视的机会将其推入下水道。

玛利亚被湍急的水流冲走，但她幸运地逃过了一劫。玛利亚被冲进一个废弃的下水坑道内，受困 20 个小时后，才从这个废弃的坑道中爬出来。脱困后，玛利亚被好心人送到医院就医。尽管玛利亚详细描述了她被谋害的全过程，但莫斯科警方还是以没有人遇害为由决定不做追踪调查。也正是这一错误决定，使得亚历山大有机会继续作案。

现在，警方认为比察公园内的下水道可能是亚历山大处理受害人尸体的另一个关键地点。这条下水道为莫斯科南部大片街区提供服务，下水道内的水压很强，一旦受害人被推进下水道，很可能会在很短的时间内遇害。玛利亚侥幸逃过一劫，但其他受害人显然没那么好运。

借助下水道处理受害人的尸体，是亚历山大最先使用的作案手法，他就是用这种方法杀死第一位被害人的。米凯欧·迪楚克是亚历山大的同班同学，两个人关系要好，是无话不谈的好朋友。因为和米凯欧的关系很好，所以亚历山大邀请他成为自己的合作人。起初，米凯欧答应了亚历山大，但他随后又反悔了，这让亚历山大十分恼怒，于是亚历山大在 1992 年年初，将米凯欧推入下水道杀害。当时，亚历山大只有 18 岁。

为了能够准确地研判亚历山大是否患有精神疾病，瓦雷莉亚决定深入调查他的生活背景。亚历山大·皮楚斯金于 1974 年 4 月 9 日在莫斯科市出生，他的家庭背景比较普通，但他父亲在他出生之前就抛弃了他的母亲。亚历山大出生之后，就被他的母亲送到收容所生活。亚历山大 4 岁时，曾被秋千撞到过脑袋。这次撞击后，亚历山大的情绪就开始变得十分不稳定。此后，亚历山大接受了一些精神治疗，但效果并不是很好。一直到亚历山大长大之后，他才重新回到母亲身边。

此后，亚历山大一直和他的母亲、外祖父及妹妹一同住在赫桑斯盖街2号公寓，这栋公寓就建在比察公园不远处。

亚历山大过完20岁生日，他的外祖父就去世了。在此之后，亚历山大就经常一个人带着外祖父养的狗去比察公园内散步。没过多久，这只狗也死了。亚历山大将狗的尸体埋在了比察公园内，而狗的墓地周围也将成为亚历山大的弃尸地。

从表面上看，成年后的亚历山大在超市有一份稳定的收银工作，并且他在工作中表现得也十分正常。但事实上，亚历山大在很早的时候就已经开始出现犯罪苗头了。瓦雷莉亚认为，单调又繁重的收银工作并不能让亚历山大感到快乐，而他的私生活同样十分枯燥。

亚历山大几乎没有任何真正意义上的朋友，他也从不参加社交活动，而且他有酗酒的习惯。亚历山大一直想找一个女人同居，他也曾尝试着与女性结婚成家，但这些尝试都以失败告终。亚历山大终身未婚，他只在莫斯科市的一所普通职业训练机构内接受过一段时间很短的教育。相关调查结束后，瓦雷莉亚得出了最终结论，她认为，亚历山大患有反社会人格障碍，但他并不是精神病，因为在实施犯罪行为的时候，亚历山大有十分明确的目标，他的精神状态是正常的。

现在，莫斯科警方已经掌握了足够多的证据，这些证据能够证明亚历山大涉嫌49宗谋杀案。2007年9月13日，俄罗斯联邦犯罪史上杀人最多的连环杀手——亚历山大·皮楚斯金在莫斯科最高法院出庭受审，检方指控亚历山大49项谋杀罪名。在整个受审过程中，亚历山大并没有流露出一丝悔意，他似乎在享受整个过程，还要求所有陪审团成员必须出庭。

2007年10月29日，周一，在持续6周的审理结束后，陪审团成员只用了3个小时就达成一致意见，瓦拉迪·密伍瑟夫法官宣布以下判决：鉴于所犯案件的严重性以及被告人对社会造成的特殊危险，本庭认为有必要判处亚历山大·皮楚斯金终身监禁且不得保释。

犯罪心理解析：对被他人遗弃的恐惧

作为俄国犯罪史上最臭名昭著的连环杀手，亚历山大·皮楚斯金是丑恶且让人恐惧的，他极端变态又冷酷无情。但是对亚历山大而言，杀人其实只是一种乐趣，是他为了得到快感、满足感、释放性压抑的渠道。我们也可以将亚历山大的行为当成一种施虐狂症候群，这和绝大多数连环杀手一般无二。

从亚历山大表现出来的行为模式就不难看出他是一个复杂又矛盾的人，那么又是什么原因让他开始极度渴望杀人并做出凶残的攻击性行为呢？亚历山大天生就懂得该怎样与人相处，在这种能力的帮助下，亚历山大可以很轻松地与他人结为“朋友”，这也是亚历山大将受害人骗进比察公园的原因。

事实上，当连环杀手开始杀人之后，他们的杀人动机都会变得比较单一。比如，在本案中，亚历山大杀人的目的只是享受可以操纵他们生命的快感，而这种快感又会反过来继续助长他的杀人欲望，这就是他不断作案的根本原因。不过，形成这种结果必须经历一个十分复杂的心理演变过程。而且，在本案的后期，亚历山大的杀人动机发生了转变。

想要研究亚历山大的心理演变过程，就必须从他的童年生活开始。亚历山大的头部受过重创，这可能是他出现异常行为的一个重要原因，也可能是他形成反社会人格的关键。但是这些都不是亚历山大产生杀人欲望的罪魁祸首。事实上，相对于物理伤害，外祖父的死给亚历山大造成的影响更为严重。另外，亚历山大从出生起就很缺爱。亚历山大的父亲抛弃了家庭，而他的母亲又将他送到收容所生活，这使得亚历山大开始仇视社会，仇视他人。

形成反社会人格之后，亚历山大的心理已经开始扭曲，在他看来，外祖父的死亡是另一种形式的抛弃行为。外祖父死后，亚历山大深信自己再次被亲人抛弃，这让他备受打击。所以，亚历山大开始憎恨老年男人。这也是他在后期连续杀害大量中老年男人的主要作案动机。

除以上的几个重要诱因外，亚历山大还是生活中的失败者，他习惯性酗酒，又严重欠缺自我价值。自信的欠缺让亚历山大走上了犯罪道路。在反社会人格的影响下，亚历山大本来就漠视他人的生命，所以他开始尝试用杀人的方式来使自己获得自信。对亚历山大而言，谋杀是一种“伟大”的事业，他可以将自己放在主宰他人生命的地位上，以掌控、操纵、终结他人的生命为乐。从某种意义上来讲，杀人行为也确实是使亚历山大继续像常人一样生活的根本动力。

另外，亚历山大无法在正常的生活中获得生理满足，他一直交不到女朋友，也始终没有结婚。开始的时候，亚历山大只是害怕与女性交往，他害怕自己会被对方遗弃，这让他错失得到女性关爱的机会。但等到被杀戮的欲望主导之后，亚历山大早已无法通过正常的途径来满足生理需要了。因为，杀人同样可以让亚历山大得到满足。对有反社会人格的亚历山大来讲，暴力发泄反而让他获得更为强烈的快感。这也是亚历山大会用极端暴力的手段杀死女性受害人，却从不对她们实施侵犯的原因。

犯罪心理揭秘

司法与媒体结成的双头怪兽

——佩鲁贾奸杀惨案

意大利佩鲁贾市是一个风景秀丽、环境优美的旅游型城市。站在这座城市的高地上，可以俯瞰台伯河中游谷地和特拉西梅诺湖。除美丽的自然风景外，佩鲁贾的巧克力也是享誉世界的美食。但对佩鲁贾的大学生而言，这座城市又被称为“派对城市”。

很多刚来佩鲁贾的游客都会被这座城市的自然风光吸引，城市里还有很多人文建筑，有许多美丽的艺术品和教堂。但是，如果你懂意大利文字，并决心在这座城市里待上一段时间，你就会发现，这座城市的报刊头条都与毒品有关，有时候还会提及当地的帮派势力。所以，这座表面上看起来十分恬静、波澜不惊的城市实则一直在发生一些可怕的事情，而这些事情就是街头小报最乐意看到且热衷于报道的。

女大学生阿曼达·诺克斯无论如何也想不到自己有一天竟然也会登上当地的这种街头小报，变成他人眼中的娼妇和变态杀人犯。2007年，阿曼达第一次以交换生的身份来到意大利佩鲁贾。对这个只有20岁的年轻女孩来讲，意大利佩鲁贾简直就是她梦想中的天堂。阿曼达原本是华盛顿大学的学生，她的语言能力很强，在读大三的这一年，也就是2007年，她决定去海外求学并以海外学生的身份在佩鲁贾大学登记入学。

入学后，阿曼达入住了学校配备的四人宿舍，她入住的时候，宿舍内已经住进两名室友了。阿曼达的两名室友都是意大利人，在她的印象里，其中一名室友有些非传统，另一名室友则有些嬉皮士，因为缺少共同话题，阿曼达和这两名室友间的关系很一般。最后一名室友是 21 岁的梅雷迪斯 · 克尔彻，她是一名英国交换生。在阿曼达看来，梅雷迪斯是一个十分美艳且为人友善的好姑娘，所以两个人的关系一直很不错。

阿曼达来自西雅图，在西雅图，她并不需要将自己最好的形象展示给别人看，但在意大利，将自己介绍并展示给周围的人是一件非常重要的事情，如果你不这样做，那就会被打上“骄傲”和“惹人讨厌”的标签。在其他意大利校友的眼中，阿曼达就是一个无牵无挂、生性冷漠、傲慢无礼的女人。

作为宿舍中年龄最小的两个，阿曼达和梅雷迪斯有很多相似之处，这也是她们成为好友的一个重要原因。因为脾性相投，所以在相识 6 周之后，阿曼达和梅雷迪斯就结成同盟，她们两人共用一个卫生间，另两位室友则使用另外一个卫生间。如无必要，双方都不会去对方的卫生间。

梅雷迪斯在这座城市有一些早已认识的朋友，而且她更加传统、沉稳一些，比阿曼达更具社会生活经验，所以梅雷迪斯过得要比阿曼达舒适一些。而阿曼达则更像是一头孤独的狼，她没有朋友，也很少有认同她的女性朋友。但阿曼达有性感的身材和漂亮的脸蛋，所以在男同学那里，阿曼达要受欢迎得多。

凭借着自己的外貌和国籍，阿曼达在当地酒吧找到了一份侍应生工作。时间匆匆流逝，一转眼就到了2007年11月1日，这一天是意大利传统节日万灵节。在意大利，这是个十分神圣的时刻，所有意大利家庭都会在这一天祭祀先人。但是，这一天对阿曼达和梅雷迪斯而言和美国的万圣节没有什么不同，只能算是一个举办派对的好机会。

当晚，阿曼达和梅雷迪斯弄到了一栋度假小屋，她们决定在晚上搞一个派对，晚些时候，另外两位意大利室友也会来参加派对。当时，阿曼达已经开始和男友拉斐尔·索莱西托约会了。尽管两个人才认识不到一周的时间，但阿曼达觉得自己遇到了真爱。阿曼达和拉斐尔在一场古典音乐会上相识，他们彼此吸引，很快就坠入爱河。相识之后，两个人每天都待在一起，对这对坠入爱河的年轻人而言，这简直就是一场浪漫风暴。

2007年11月2日早晨，阿曼达在和拉斐尔共度一晚后返回宿舍，但她无论如何也想不到，自己的好友梅雷迪斯竟然死在了房间内。每次在拉斐尔家过夜回到宿舍之后，阿曼达都会先洗一个澡，这次也不例外。阿曼达回到宿舍后就直接去了卫生间洗漱，所以她并没有过多关注宿舍内的情况。等阿曼达洗过澡，换过衣服后，她才注意到房间内的异状。首先，浴室外洗手台上的水龙头上沾有血迹，蓝色的浴室垫上也有血迹，但阿曼达误认为是梅雷迪斯的月事来了，这些血迹是她不小心留下的，所以她并没有多想。

因为洗手台上有血迹，所以阿曼达就来到另一间浴室，用这间浴室内的吹风机吹干了头发。随后，阿曼达闻到了一股臭味，她发现马桶内有没有冲掉的粪便，这让她感到十分恶心。阿曼达隐隐觉得有些奇怪，因为这间浴室的主人是宿舍内最爱干净的意大利女孩，所以她很不理解对方为何没有冲马桶。最终，阿曼达也没有去管，她直接离开宿舍去了拉斐尔的住处，准备和他一起吃早餐。

在去拉斐尔家的路上，阿曼达试着给梅雷迪斯打了几个电话，但这些电话都没有接通。不久之后，警察突然造访阿曼达的宿舍，他们来调查偷了阿曼达另外两名室友手机的窃贼。进入宿舍后，两名负责办案的警员发现，梅雷迪斯的房间被锁上了，他们敲了门，但房间内没有回应，也没有人开门。

两名警员又来到旁边的一间卧室，他们发现这间卧室没有锁门，就推开门走了进去。房间内一片脏乱，到处都是乱丢的衣物，除了这些衣物，警员们还注意到地板上有碎玻璃，房间内的抽屉也全部被拉开了。警员意识到，这间卧室可能遭窃。警员们立刻警惕起来，为了排除窃贼还在宿舍内的可能，警员们决定强行打开其他几间卧室进行检查。

没有人可以想象梅雷迪斯房间内的情况，就连那两名负责追查窃贼的警员也想不到这间宿舍内竟然会发生凶杀案。等到警员们撞开梅雷迪斯的房间后，呈现在他们面前的是一幅鲜血淋漓的场景。这间卧室内散发着浓重的血腥味，卧室的地板上遍布血迹。房间内十分脏乱，有明显的翻动痕迹。在卧室中间的空地上，一床被子遮掩着某样东西。

警员小心翼翼地拉开被角，找到了梅雷迪斯赤裸的尸体。梅雷迪斯已经死亡多时，她的脖颈被划开了，鲜血就是从这里流到地板上的。卧室内的墙壁、衣柜、床沿上都是血迹。从血迹的形态和溅射的方位来看，凶手一定是一个手段残忍的变态，受害人很可能还被性侵过。

凶案发生后，警方立即调派警力将这栋宿舍楼围了起来。不久之后，阿曼达被男友拉斐尔送到公寓门外，但此时，整栋公寓已经被封锁起来，阿曼达和拉斐尔只能待在外面，询问缘由。得知事情的始末之后，阿曼达吓坏了，她不知道该如何是好。拉斐尔也没有面对这种事情的经验，他只能用真挚的话语和熟悉的吻来安慰阿曼达。但这对情侣并不知道，围在案发现场外的记者早就将摄像头对准了他们，而他们的行为也将成为下一场舆论风暴的焦点。

检察官朱力阿诺·曼伊尼负责这起凶杀案的调查工作，这位虔诚的天主教徒一直坚信，在这座城市里有人在暗中进行黑暗宗教活动。在朱力阿诺看来，这起发生在万灵节之夜的凶杀案就是邪教徒搞出来的带有宗教暗示性质的黑暗宗教活动。调查工作开始后，阿曼达接受警方询问，她将自己的行踪原原本本地讲了出来，但检察官朱力阿诺和其他警探都不愿意相信她的话。

在警方看来，阿曼达所说的话有很多漏洞，更重要的是，警方认为阿曼达在案发第二天清晨的时候是应该发现宿舍内的异常并拨打报警电话的，但她始终没有那么做。尽管阿曼达给出了解释，但在警方看来，这些解释只能进一步增加她的作案嫌疑。在检察官朱力阿诺看来，阿曼达是受害人的好友兼室友，她完全有机会作案。为了让这起凶杀案看起来更加合理，检察官朱力阿诺还给阿曼达找了一个帮凶，这个人就是她的男友拉斐尔。

不管案子怎么办，对美国和意大利以及英国的媒体而言，这起发生在大学宿舍内的凶杀案无疑是一宗大新闻，也是当时最引人瞩目的故事。在当地小报的肆意渲染下，这起谋杀案中似乎掺杂了“性”“毒品”及“国际阴谋”。在检察官的眼中，这宗谋杀案还与宗教和恶魔崇拜有关。

随着案子的侦办，意大利媒体更是将阿曼达描绘成了一个对“性”痴迷成狂的变态。在当地媒体的肆意宣扬下，阿曼达的形象开始变得丑陋不堪。此外，这个女孩好像还天生具备了一种能够直视摄像头的能力，这样一来，她被媒体拍摄下来的照片就显得非常古怪。据阿曼达回忆，当时她只是尽量压抑自己内心中的感情，不想让别人将自己看成不真诚或装腔作势的女孩。

事实上，警方之所以会严重怀疑阿曼达与拉斐尔有作案嫌疑，主要还是与他们公然在凶杀现场外面亲吻这件事有关。媒体拍摄到拉斐尔和阿曼达亲吻的画面，在被警方叫走之前，阿曼达曾与拉斐尔亲吻三次，很多人强烈谴责这对情侣，认为他们在凶杀现场外做这种事是十分不当的，而这就是当地人愿意相信阿曼达是一个“性变态”并怀疑她的根由。

因为案发现场被警方封锁，所以阿曼达搬去与拉斐尔同住。与此同时，警方也在秘密监视这对年轻情侣。在经过一段时间的监视后，检察官朱力阿诺就武断地得出了结论：很显然，拉斐尔是一个简单天真的孩子，他现在已经完全被那个邪恶的美国荡妇迷惑了，而这个女人很有可能就是某个恶魔教派中的成员。为了证明自己的判断，朱力阿诺找到所有可能的目击证人，把他们叫到警局进行问话，其中就包括住在那栋公寓式宿舍中的其他学生。

意大利的司法系统和美国的司法系统很相似，所以在接受审讯的时候，这些学生都会带上自己的父母或私人律师。警方并没有从这些可能的目击证人口中得到任何有用的信息，在这种情况下检察官决定审讯阿曼达和拉斐尔。在等待审讯的时候，阿曼达做了一些瑜伽动作，这让审讯她的警官认定她正在暗示拉斐尔。在审讯的过程中，阿曼达表示案发当晚她一直和男友拉斐尔待在一起。

但拉斐尔在接受审问的时候却给出了让人意想不到的证词。拉斐尔告诉警方，案发当晚，他抽了水烟，所以他有些记不清楚当晚都发生了哪些事情，他不知道阿曼达是否一直与他待在一起，也不知道她到底有没有去工作或参加某些活动。意大利警方将拉斐尔的供词录下来，然后让他签字，再将这份供词拿给阿曼达，告诉她："你男友的证词和你的刚好相反，他说你'当晚出去了'。"

阿曼达的意大利语并不是十分精通，她并没有看出其中的问题，在警方命令下，阿曼达撤回了之前的证词，重新提交了一份与拉斐尔证词相似的口供，在这份口供中，阿曼达并没有强调自己在案发当晚一直和拉斐尔待在一起的事实。多年后，据阿曼达回忆，当时审讯过程持续了一整晚，警方没有给她任何食物，没有让她喝一点水，甚至不允许她去厕所。

在审讯进行到中段的时候，警方还提出了一个假设性问题，他们让阿曼达想象案发时她就在现场，并询问她会怎样做。阿曼达说她会捂上耳朵。尽管阿曼达声称自己回答的是一个假设性问题，但警方还是将她的回答当成事实并将这句话写在了供词中。在询问进行到后半段的时候，阿曼达突然告诉警方，谋杀发生时，她就在房间里。

阿曼达告诉警方，案发当晚，她收到老板帕特里克·卢蒙巴发来的短信，于是她离开公寓与帕特里克会面。警方检视了阿曼达的手机，发现案发当晚，阿曼达确实和帕特里克有过联系。阿曼达还说，案发时，她一直待在厨房里，她还听到了梅雷迪斯发出的尖叫。警方将阿曼达的供词记录下来，但阿曼达又说这些供词都是警方让她想象的结果，而这个被记录下来的只不过是她想象的众多版本中的一个。

虽然阿曼达从未直接认下这桩谋杀罪，但她又在警方写好的证词上签了字，而这份证词着重强调了案发时她就在案发现场这件事。就这样，警方坚信阿曼达就是杀人凶手，他们开始大肆宣传，说他们已经抓到了杀人犯，杀人犯就是阿曼达·诺克斯和拉斐尔·索莱西托以及帕特里克·卢蒙巴。

在将阿曼达和拉斐尔收监之后，警方又迅速调派警力将帕特里克拘捕关押起来。帕特里克被逮捕后，一直坚称自己是无罪的。帕特里克表示，案发当晚他一直待在酒吧里，并没有外出。尽管警方通过调查证实帕特里克提供的这项不在场证明是属实的，但警方依旧没有将他释放。

检察官朱力阿诺利用职权将这三个嫌疑人关押了近 3 个月，现在他又准备利用媒体来坐实这起谋杀案。众所周知，“狗仔队”这个词就是从意大利文演变而来的，由此可见，意大利媒体是多么善于做毫无底线的事情。对当地媒体而言，梅雷迪斯的死并没有什么值得报道的，他们把关注的重点全部放在了阿曼达·诺克斯身上。

在当地警方的有意安排下，阿曼达竟被游街示众。总而言之，当地人都觉得阿曼达是一个荒淫无度的恶魔，她毫无道德修养，是一个十分邪恶的怪物。现在，这个人在他们的土地上做了邪恶的事情，这是他们所不能容忍的。但是随着指纹检验结果出来后，这起谋杀案又发生了新的转折。

警方发现，犯罪现场内确实出现过一个黑人，但这个人并不是阿曼达的老板帕特里克·卢蒙巴。在意大利，只要是移民，每年都要去警察局进行登记。在登记的过程中，警方会采集登记者的指纹信息。所以当警方拿到案发现场的指纹检验结果后，作案嫌疑人的身份也就呼之欲出了。这枚指纹属于一个名叫卢比·古艾德的人，他是一个流浪者，虽然他没有固定收入，但如果有机会的话，他还是会参加学生们组织的派对。

警方发现，卢比早有前科，他经常携带刀具出入公共场合，还有暴力伤人和强行入室的记录，更关键的是，卢比还是近些年来佩鲁贾市数宗罪案的主要嫌疑人。紧接着，警方又从案发现场找到了卢比的血液样本、毛发样本及排泄物。DNA 检测专家从留在厕所内的排泄物中提取到了卢比的 DNA。指纹检测员在梅雷迪斯的钱包上找到了卢比的指纹和血液。

现在，案发现场内的证据足以证明这起凶杀案的凶手就是卢比，但此时，卢比早已离开意大利去了德国。在离开前，卢比曾向一位朋友坦承，案发当晚他的确和梅雷迪斯待在一起。警方在后续的调查中发现，卢比和梅雷迪斯、阿曼达及拉斐尔之间并没有任何关系，阿曼达也表示只是见过卢比，但并不知道他的名字。拉斐尔则从未见过卢比，更不知道他是一个什么样的人。

几天后，在德国警方的协助下，卢比·古艾德被捕。此时，所有人都认为事情会到此结束，卢比有作案动机，也有作案能力，各项证据都能证明他就是杀人凶手，但事实又一次出现变化。卢比被捕后，帕特里克·卢蒙巴获释，但他也因为阿曼达的指控而名誉扫地。多年后，阿曼达依旧不能原谅自己，她一直想要撤销那份被警方捏造的供词，但错误已经发生了，她只恨自己不懂法律，也不知道要在被诬告的时候发起反击，这才让无辜的人饱受冤屈。

尽管警方抓错了人，但检察官朱力阿诺并没改变自己的立场，在他看来，这不过是因为阿曼达在坦白时指认了无辜的人而导致的一场误会。他依旧认定这场谋杀是由放荡的行为导致的，而阿曼达就是这起谋杀事件的中心。到后来，调查员甚至只想知道阿曼达的欲望到底有多强。为了证明自己是对的，意大利警方对阿曼达进行抽血检查。

警方谎称阿曼达患上了艾滋病，然后要求她将曾经与她发生过关系的男孩的名字全部写下来。阿曼达被迫写下这些男孩的名字，一直到两周之后，意大利警方才以诊断失误为由向阿曼达道歉。但就在意大利警方向阿曼达道歉的同时，他们又把阿曼达上交的名单公布给媒体，让媒体将这份名单公之于众。获取如此私密的个人信息，并将这份信息泄露给媒体的行为让这起案子变得更加耸人听闻。

事情发展到这种地步，世界各国的犯罪专家都对这起奇怪的凶案产生了兴趣，犯罪心理专家仔细研究了这宗案件中的所有证据，包括DNA证据、血迹、毛发及指纹等，并详细查看了阿曼达的供词（警方伪造）、银行交易记录、通话记录等，结合一切证据，专家们都认为阿曼达是无辜的，作案凶手只有一个，就是卢比·古艾德。但是令所有人都瞠目结舌的是，阿曼达依旧被检方送上了法庭。

2009年1月16日，在梅雷迪斯遇害14个月后，阿曼达·诺克斯和拉斐尔·索莱西托即将公开受审。此前的14个月，两人一直被警方关在监狱中。意大利司法机构的办事效率很低，他们喜欢用一天的时间听证，等休庭半个月或更久之后才再次开庭。在案件开审之前，意大利法庭将预先审理案件中另一名嫌犯——卢比·古艾德。

这场审判单独进行，并实行快速审判流程。因为检方掌握着针对卢比·古艾德是凶手的铁证（受害人的体表和体内都有卢比留下的DNA 证据），所以卢比·古艾德百分百会被判有罪。如果这场审判是在美国进行，世人甚至不会听到阿曼达和拉斐尔的名字，调查会从卢比·古艾德开始，也会在这里结束。

事实上，卢比接受快速审判还有别的原因。因为检方一直相信，这起凶杀案的凶手并不止卢比一个人，所以，一旦卢比认罪，他就会和检方合作，在能够减刑的前提下，卢比还会按着检方的要求指认检方想要指认的人。果不其然，针对卢比·古艾德的审判只能算是一个热身仪式，真正的表演一直在对阿曼达·诺克斯的指控上。与此同时，媒体还自动忽略了拉斐尔·索莱西托，就算检方用同样的罪名将他告上法庭，也没有人关注他。

在审判中，检方一直用一些与凶杀案毫无关联的证据来指认阿曼达，比如，阿曼达有一个“小狐狸·诺克斯”的昵称，检方就一直追问阿曼达为什么会用这样的昵称，好像用了这个昵称就意味着她是一个放荡的人一样。事实上，这个昵称是阿曼达的中学足球队的队友们送给她的。这个昵称本就没有任何不良意义，等阿曼达过了 14 岁生日之后，也没有人这样叫她了。

整个审判的过程十分冗长，媒体借用审判机会不断激发公众情绪，并编造了许多“精彩”的故事，其中以检察官朱力阿诺的版本最引人注目。在这场审判中，意大利的司法体系和意大利的媒体就像是一只双头怪兽，拼命张开大口想要吃东西。尽管检方占据了主动优势，但他们严重缺乏指控阿曼达和拉斐尔的实证。

最后，检方以两项没有得到公证的证据指认阿曼达和拉斐尔，法庭采信了这两项证据，但拒绝第三方专家查看任何法医记录，不允许重新检验这两项证据，也不允许进行额外的测试。最后，检察官朱力阿诺还强行解释，称阿曼达一定是通过某种特殊方法在隔壁卧室内安排了谋杀，她可能是这场谋杀的主谋，虽然现场没有她的DNA，但她一定与谋杀案有关。

在严重缺乏实证的情况下，检方把案件建立在阿曼达是个坏女孩的假设上进行审判，在只是看上去有罪的情况下，法庭竟然做出有罪宣判。对阿曼达和拉斐尔的审判持续了近一年，最终，在2009年12月4日,法庭做出了判决。阿曼达被判有罪,检方指控的谋杀罪名成立，阿曼达·诺克斯被判26年监禁，拉斐尔被判25年监禁。

判决结果公布后，当地居民开始在街上庆祝，他们似乎对阿曼达被判有罪这件事感到无比开心，就连受害人梅雷迪斯的家属也认为正义得到了伸张。在对阿曼达的审判结束两周半后，卢比·古艾德的刑期突然从30年减到了16年。至此，人们才惊觉受骗。阿曼达的辩护律师首先表示不满，他公开指责检方伪造证据、罗织罪名。2010年11月24日，在有罪判决下达11个月后，意大利司法机构决定重审阿曼达杀人案。

在这次审判中，阿曼达的辩护律师提交了大量确凿证据，指出卢比·古艾德才是作案真凶。在这次审判中，法庭准许第三方专家重新检验证物。检视过检方提交的证物后，第三方专家指出：检方提供的指认阿曼达和拉斐尔的证据均为无法采用的伪证，不论从哪个方面，都没有证据可以将阿曼达和拉斐尔与这起凶杀案联系到一起。即便有第三方专家的证明，第二轮审判也花了近 11 个月才宣告结束。阿曼达·诺克斯被判无罪。2011 年秋，在被关押了 4 年后，阿曼达·诺克斯和拉斐尔·索莱西托重获自由。

犯罪心理解析：没有动机的冤案

这其实是一起很普通的由盗抢演变而来的入室性侵杀人案。按理来讲，这起凶杀案发生后，案发现场几乎被完美保存下来，虽然案发现场是一个公寓式宿舍，但受害人遇害后，这间卧室的房门就被锁上了。一直到警方发现受害人的尸体为止，案发现场没有其他人进入，所以，只要警方严格按照犯罪现场勘验程序进行检视，就能从案发现场找到充足的证据并追踪到杀人凶手，但实际情况却与之相反。

案发后，意大利警方并没有严格按照正确的办案程序侦办这起凶杀案，警方的这种行为严重影响了办案进程，这也是警方迟迟不能破案的根本原因。另外，负责侦办这起凶杀案的检察官是一个天主教徒，在办案的过程中，这位检察官将他个人的主观意识强行掺杂到这起凶杀案中，并武断地认定阿曼达才是导致这一切的罪魁祸首。

在这位偏执的检察官的带领下，意大利警方和当地媒体也开始大肆宣扬不利于阿曼达的消息。为了尽快结案，当地警方甚至还利用阿曼达不精通意大利语的缺点伪造口供，想把她当成替罪羊。即使姗姗来迟的物证证明凶手另有其人，检察官依旧不改初衷，他宁愿与真凶达成交易，也不想还阿曼达一个清白。

但是事实是毋庸置疑的，阿曼达没有犯罪，警方就不可能找到将她定罪的证据。犯罪心理专家指出，最关键的一点是阿曼达没有作案动机。受害人是阿曼达在异国他乡唯一的朋友，在没有利益冲突或情感冲突的情况下，阿曼达完全没有理由杀害她。案发后，警方怀疑阿曼达有作案嫌疑，是因为她有作案机会，但警方并有考虑阿曼达是否有作案动机。

在没有明确作案动机的情况下，是不能够为嫌犯定性的。其实，在警方拿到确凿的物证之后，这起凶杀案的脉络就已经很清楚了。凶手是一名流浪汉，这可以解释他为何会潜入受害人住所。很明显，起初凶手应该只是想潜入这间公寓偷盗。凶手之所以会选择在万灵节这一天潜入公寓，是因为他知道公寓内的人都去参加派对了。

但是，在凶手偷盗的过程中，受害人突然返回，凶手为了不使事情败露，才铤而走险准备将受害人杀死，又因为受害人是一位年轻美貌的女孩，所以凶手在杀人之前还对其实施了性侵犯。也就是说，凶手起初可能只是想盗取金钱，但在被受害人撞见之后，才陡生恶念，在当时，凶手杀人只是为了防止事情泄露。但还要有另外一个前提，就是凶手很可能是一个惯犯，这样他才有胆量、有能力杀死受害人。

图书在版编目（CIP）数据

犯罪心理揭秘 / 许大鹏著 . —北京：中国法制出版社，2019. 7

ISBN 978 - 7 - 5216 - 0363 - 7

Ⅰ. ①犯… Ⅱ. ①许… Ⅲ. ①犯罪心理学—研究 Ⅳ. ①D917. 2

中国版本图书馆 CIP 数据核字（2019）第 145677 号

策划编辑：陈晓冉　　责任编辑：陈晓冉　冯运　　封面设计：李宁

犯罪心理揭秘

FANZUI XINLI JIEMI

著者/许大鹏

经销/新华书店

印刷/北京海纳百川印刷有限公司

开本/710 毫米×1000 毫米　16 开　　印张/13. 25　字数/146 千

版次/2019 年 7 月第 1 版　　2019 年 7 月第 1 次印刷

中国法制出版社出版

书号 ISBN 978 - 7 - 5216 - 0363 - 7　　定价：42. 80 元

北京西单横二条 2 号

邮政编码 100031　　传真：010 - 66031119

网址：http：//www. zgfzs. com　　**编辑部电话：010 - 66034985**

市场营销部电话：010 - 66033393　　**邮购部电话：010 - 66033288**

（如有印装质量问题，请与本社印务部联系调换。电话：010 - 66032926）